KB033765

2주 만에 끝내는

퀵
토익 AL -AH
김소라 저
스피킹 심화

:::::: Pub.365

머리말

글로벌 역량과 어학실력을 대변하는 시험으로 자리매김한 토익스피킹(TOEIC Speaking)은 비즈니스 회화 능력을 우대하는 대부분의 국내 유수의 기업과 단체에서 인재 선발 기준으로 활용되고 있습니다. 또한 취업 후에도 소속 기업 내 진급 등 경쟁력 재고를 위한 필수 시험으로 각광받는 만큼 응시 인원은 꾸준히 증가하는 추세를 보이며, 시의성이 높은 주제들을 비롯한 출제 범위도 다양해지고 있습니다. 따라서 실제 시험과 가장 유사한 문제들을 풀어보며 짧은 제한시간에 대응하기 위한 파트 별 전략을 사전에 구축하는 것이 빠른 목표 등급 취득을 위한 유일한 지름길입니다.

이 책은 다년간 정밀히 분석한 출제 경향을 기반으로 파트 별 빈출 유형들만 엄선하여 처음 시험 준비를 하는 수험자들도 보다 효율적인 시험 대비가 가능하도록 만들었습니다. 많은 수험생들이 정확한 평가 방식과 출제 동향에 대한 정보 접근이 어렵기 때문에 많은 서적과 강의만을 참고하고 있어 시험의 우선순위를 알지 못하는 것이 늘 안타까웠습니다. 물론 모든 지식과 학문은 피와 살이 된다 하나, 머나먼 길을 우회하여 결국 시험에서는 아무런 영양가가 없는 학습 악순환을 타파하고자 효율적이며 체계적인 학습법에만 집중하여 이 책을 집필하였습니다.

시험일정에 쫓겨 당장 내일 영어를 유창하게 구사하겠다는 실현 불가능한 목표는 지금 내려놓으시고 급할수록 이성적으로 사고하며 공부하시길 바랍니다. 책을 펴고 불경을 외우듯 기계적으로 암기만 하는 학습법은 더 이상 현대 수험 대비 트렌드에 맞지 않습니다. 지금 이 책을 암기하더라도 왜 해야 하는지, 무엇을 위해 필요한지 여러분들 스스로 이해하며 체득할 수 있는 과정이 되길 간절히 바랍니다.

수험생들 각자의 필요에 따라 많은 도움이 되는 수험서가 되길 바라며 고생하는 수험생들의 노고를 덜어드릴 수 있도록 언제나 연구 개발에 전력을 다할 것을 약속하겠습니다. 모든 분들이 공부하신 만큼 큰 결실을 거두시기를 바랍니다.

저자 김소라

토익 스피킹이란?

TOEIC Speaking 시험은 전 세계적인 근무환경에 적절한 내용으로 구성되어 있으며 업무와 관련된 상황 혹은 일상생활에서 수행해야 할 과제를 포함한다. 주로 영어권 원어민이나 영어에 능통한 비원어민과 이해하기 쉬운 말로 대화할 수 있는지 또는 일상생활 혹은 업무상 필요한 대화 시 필요한 말을 적절하게 선택하여 사용할 수 있는지를 측정한다.

시험은 어떻게 구성되어 있을까?

파트 \ 내용	문제 유형	문항 수	답변 시간
Questions 1-2	Read a text aloud 문장 읽기	2	각 45초
Questions 3-4	Describe a picture 사진 묘사하기	2	각 30초
Questions 5-7	Respond to questions 듣고, 질문에 답하기	3	Q5–Q6 : 15초 Q7 : 30초
Questions 8-10	Respond to questions using information provided 제공된 정보를 사용하여 질문에 답하기	3	Q8–Q9 : 15초 Q10 : 30초
Questions 11	Express an opinion 의견 제시하기	1	60초

시험 당일 준비 TIP!

출발 전
시험 약도를 확인합니다.
입실 시간에서 10분이 지나면 입실이 금지되므로 도착 시간을 꼭 지킵니다.
주민등록증, 운전면허증, 여권 등의 규정 신분증을 지참합니다.

대기 시간
수험 번호를 정확하게 확인합니다.
대기실에서 자신이 약한 파트의 모범답변을 보고 소리 내어 읽으며 긴장을 풉니다.
헤드폰과 마이크 음량 조절을 철저히 합니다.
신분 확인용 사진 촬영 시, 사진 안에 자신의 머리와 어깨가 나오는지 확인합니다.

시험 시간
자신의 페이지를 유지하며 파트 별 정해진 답변 시간을 가능한 채워서 답변합니다.
파트의 답변 시간이 끝나면 바로 다음 파트가 시작됩니다. 당황하지 말고 다음 파트의 답변을 준비합니다.
시험 도중 말문이 막히더라도 침묵을 유지하시면 안 됩니다.

🌐 **도서출판 삼육오 홈페이지**
원어민 음성 MP3 다운로드
(www.pub365.co.kr)

이 책의 특징과 구성

영어 발음 · 강세 훈련

시험에서 발음과 강세 문제로 인한 핸디캡을 최소화하기 위해 비원어민이 틀리기 쉬운 발음과 강세 법을 설명한 파트입니다.

학습 효과

1. 한국인이 흔히 실수하는 발음/강세가 무엇인지 파악하고 바로잡을 수 있다.
2. 토익스피킹 모든 레벨의 기본이 되는 발음/강세 영역을 정복할 수 있다.
3. 발음/강세의 어려워 보이는 이론을 규칙을 통해 쉽고 재미있게 터득할 수 있다.

한눈에 보기 (INTRO)

수험자가 학습 전 꼭 알아야 하는 파트별 제한시간, 배점, 평가 기준, 빈출 유형, 출제 경향, 실제 시험 화면 등에 대해 상세히 안내하는 부분입니다.

학습 효과

1. 파트별 출제 목적을 학습 전에 미리 이해할 수 있다.
2. 시험 진행 방법에 대해 익숙해질 수 있다.
3. 파트별 학습량 분배와 학습 방향 설계에 도움이 된다.

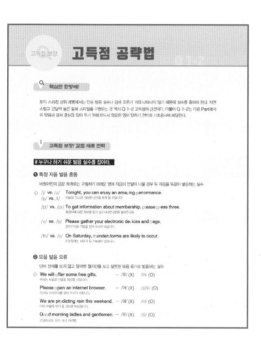

고득점 보장 (고득점 공략법)

고득점을 위한 필수 충족 요건을 제시하고 파트별 중·하위 레벨의 수험자에게서 나타나는 대표적인 실수나 인습을 보여주는 부분으로 이를 탈피하기 위한 세부적인 전략을 전수하는 내용입니다.

학습 효과

- 수험생들이 자주 범하는 다양한 오류와 실수를 알고 예방할 수 있다.
- 고득점으로 이어지기 위한 상세 공략법을 쉽게 이해할 수 있다.
- 파트별로 핵심이 되는 전략만 공부하여 학습 시간을 효율적으로 활용할 수 있다.

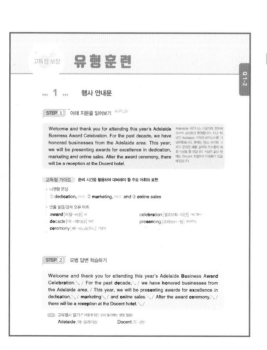

고득점 보장 (유형 훈련)

파트별 대표 빈출 유형을 분석하고 동일 혹은 유사 유형 출제 시 수험자가 유용하게 활용할 수 있는 템플릿 성격의 표현이나 답변을 미리 익히며 공부할 수 있는 파트입니다.

학습 효과

- 시험에서 출제되는 대부분의 유형을 알 수 있다.
- 범용성이 우수한 템플릿 형식의 답변을 숙지하여 효율적으로 대비할 수 있다.
- 고득점 취득에 최적화된 표현을 공부할 수 있다.

이 책의 특징과 구성

CONFIGURATION

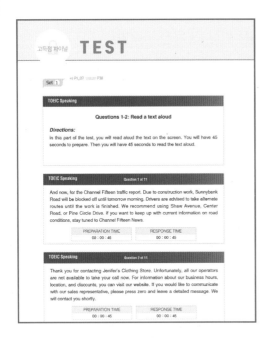

고득점 파이널 TEST

앞서 학습한 모든 전략과 답변 방식을 활용하여 수험자가 직접 문제를 풀어보며 점검할 수 있는 파트입니다.

학습 효과

1 스스로 다양한 문제에 대해 답변이 가능한 만큼 학습이 충분히 되었는지 확인할 수 있다.
2 주어진 시간 내 각 파트별 문제에 답변하는 연습을 해볼 수 있다.

2주 완성! 플랜

2주 완성! START

DAY 1

영어 발음 · 강세 훈련
Q 1-2 고득점 공략법

DAY 2

Q 1-2 유형 훈련,
　파이널 TEST

DAY 3

Q 3-4 고득점 공략법,
유형 훈련

DAY 4

Q 3-4 파이널 TEST

DAY 5

Q 5-7 고득점 공략법

DAY 6

Q 5-7 유형 훈련

DAY 7

Q 5-7 파이널 TEST

DAY 8

Q 8-10 고득점 공략법,
　유형 훈련

DAY 9

Q 8-10 파이널 TEST

DAY 10

Q 11 고득점 공략법

DAY 11

Q 11 유형 훈련

DAY 12

Q 11 유형 훈련,
　파이널 TEST

DAY 13

Q 11 유형별 템플릿 복습
→ 한국어로 각 유형별
　의견 말해보기
→ 곧장 영어로 바꾸어
　말해보기

DAY 14

Q 11 유형별 템플릿 복습
→ 영어로 기억나지 않는
　표현 중심으로 복습하기

영어 발음·강세 훈련

원어민의 귀에 영어로 들리지 않거나 수험자가 의도한 뜻으로 전달되지 않는다면 아무리 수준 높은 어휘와 표현을 구사한들 무용지물이다. 시험에서 발음과 강세 문제로 인한 핸디캡을 최소화하기 위해 비원어민이 틀리기 쉬운 발음과 강세 법을 이해하고 미리 교정하여 전달력을 향상시킬 수 있도록 하자. (* 단어 내 볼드로 표기된 부분은 주의해야 할 발음이다.)

❶ 주의해야 하는 특수 자음 조음 법

▸ **f**ifteen → /f/ 윗니+아래 입술 안쪽

▸ clo**th**ing → /th/ 혀 끝+윗니+아랫니

▸ **th**under → /th/ 혀 끝+윗니+아랫니

▸ pro**v**ide → /v/ 윗니+아래 입술 안쪽

▸ **l**earn → /l/ 혀 끝+윗니 안쪽

▸ **r**oad → /r/ 혀 끝이 윗니에 닿지 않게…

❷ 주의해야 하는 모음 음가 생성법

▸ b**a**d → /a/ 길게 발음하는 장모음 (애~~)

▸ b**e**d → /e/ 짧게 발음하는 단모음 (에)

▸ l**ea**ve → /ea/ 길게 발음하는 장모음 (이~~)

▸ l**i**ve → /i/ 짧게 발음하는 단모음 (이)

▸ **o**pen → /o/ 입을 오므려서 발음하는 원순모음 (오-우)

▸ **o**ften → /o/ 입을 벌려서 발음하는 평순모음 (어)

▸ **pro**gram → /pro/ 입을 오므려서 발음하는 원순모음 (프로우)

▸ **pro**duct → /pro/ 입을 벌려서 발음하는 평순모음 (프뤄)

평순 모음 입을 벌려 발음하는 모음

▸ **pro**duct → /pro/ 평순모음
/프로덕t/ (X) /**프뤄**덕t/ (O)

❸ 수험생들이 잘못 알고 있는 빈출 어휘 발음

▸ **mo**tivate → /mo-/ 발음 주의
/머리ⅴㅔ잇/ (X) /**모-우**르ⅴㅔ잇/ (O)

▶ **mo**del → /mo-/ 발음 주의
  /모델/ (X) /**머-를**/ (O)

▶ alter**nate** → /-nate/ 발음 주의
  /얼터네잇/ (X) /**얼-트늣**/ (O)

▶ **ve**hicle → /ve-/ 발음 주의
  /베히클/ (X) /**vㅣ-이클**/ (O)

▶ ma**te**rial → /-te-/ 발음 주의
  /매테리얼/ (X) /**므티-뤼을**/ (O)

▶ cafe**te**ria → /-te-/ 발음 주의
  /카페테-리아/ (X) /**캐ㅔ티-뤼아**/ (O)

▶ **re**presentative → /re-/ 발음 주의
  /리프리젠테티브/ (X) /**뤠프뤼zㅔ- 느티v**/ (O)

▶ a**llow** → /-llow/ 발음 주의
  /얼로우/ (X) /**얼라-우**/ (O)

▶ b**o**ss → /-o-/ 발음 주의
  /보쓰/ (X) /**버-어쓰**/ (O)

▶ **o**pportunity → /o-/ 발음 주의
  /오폴튜니티/ (X) /**어펄r츄- 느리**/ (O)

▶ res**tau**rant → /-tau-/ 발음 주의
  /레스토랑/ (X) /**뤠-스뜨뤈t**/ (O)

▶ **stu**dent → /stu-/ 발음 주의
  /스투던트/ (X) /**스뜌-우른t**/ (O)

▶ **ph**one → /ph-/ 발음 주의
  /펀/ (X) /**fo-운**/ (O)

▶ **su**ggestion → /su-/ 발음 주의
  /써제스천/ (X) /**쓰줴-스쳔**/ (O)

▶ w**a**ste → /-a-/ 발음 주의
  /웨스트/ (X) /**웨-이스t**/ (O)

▶ **own** → /own/ 발음 주의
  /온/ (X) /**오-운**/ (O)

영어 발음·강세 훈련

❹ 유사/동일 음가 탈락 현상

유사 혹은 동일 음가 연속 배열 시 앞의 음가가 탈락되는 현상이다.

▶ There is a car outside the window.
　데어뤼저　　카r 아웃싸이드　　윈도우

▶ He is standing at the counter.
　히이스땐–딩　　앳드　카우널r

▶ Let's welcome Ms. Sanderson.
　렛츠　웨을큼　　미–쌘덜r쓴

▶ I tried to work hard with my job.
　아이 트라이트 월칼–(d) 윗　　마이 좌–압

❺ 끝 자음 탈락 현상

끝 자음이 /t/나 /d/일 때 해당 음가는 탈락되는 현상이다.

▶ You don't have to waste too much time.
　유　로운　해v　트 웨이스 투우 머취　타임
→ 끝 자음 /t/탈락

▶ It could be made in less than an hour.
　잇 쿳　비 메–이 른 레쓰대느　　나월r
→ 끝 자음 /d/탈락

❻ 연음 현상

어미의 자음과 어두의 모음이 만나면 하나의 음절처럼 연음 되는 현상이다.

▶ I went to the park a few weeks ago.
　아이 웬트 드　팔(k) 으few 윅써고우
→ /–s/ + /a–/ = /sa/

▶ I do that once or twice a year.
　아이 두 댓 원쏠　　트와이써 이얼r
→ /–ce/ + /o–/ = /co/
→ /–ce/ + /a–/ = /ca/

❼ 슈와 현상

비 강세 음절의 모음은 약화되어 중성모음 /으/와 유사하게 발음되는 현상이다.

- ▸ imme**dia**tely
  으미–르웃리
  → /–di–/ = /르/
  → /–ate–/ = /웃/

- ▸ al**ter**nate
  얼–트늣
  → /–ter–/ = /트/
  → /–nate/ = /늣/

- ▸ can**di**date
  캔–드듯
  → /–di–/ = /드/
  → /–date/ = /듯/

❽ 영어 문장의 기본 강세 규칙

한국어 = 음절 중심 언어 (강세 필요 x)　　　　　　영어 = 리듬/강세 중심 언어 (강세에 따라 의미 구분)

내용어　동사, 명사, 형용사, 부사 등 → 문장 내에서 강세를 두며 정확하게 발음

기능어　전치사, 관사, 대명사, 조동사 등 → 문장 내에서 약세 + 중성모음으로 약화시켜 발음

- ▸ You will be **able** to **see** a **live performance** on **May 21st**.
  비 강세어 : you, will, be, to, a, on
  강세어 : able, see, live, performance, May 21st

❾ 부정어의 일반적인 강세 규칙

부정적인 의미를 내포하는 단어나 조동사, 접두사는 강세가 들어간다.

- ▸ You **can't** work in a quiet atmosphere.
  can't = /캐–앤/ → 강세 + 정확한 모음 발음

- ▸ You can **work** in a quiet atmosphere.
  can = /큰/ → 약세 + 중성모음 /으/로 발음 (강세는 동사 work에만)

- ▸ **dis**advantages, **dis**agree, **in**correct
  → 접두사에 강세

영어 발음·강세 훈련

❿ 구동사의 일반적인 강세 규칙

구동사 형태의 단어는 항상 뒤쪽 어근에 강세가 들어간다.

▸ hand **out**
→ out에 강세 두면 동사인 "나누어 주다"

▸ **hand**out
→ hand에 강세 두면 명사인 "유인물"

▸ work **out**
→ out에 강세 두면 동사인 "운동하다"

▸ **work**out
→ work에 강세 두면 명사인 "운동"

▸ check **out**
→ out에 강세 두면 동사인 "체크아웃하다, 확인하다"

▸ **check**out
→ check에 강세 두면 명사인 "계산대"

⓫ 합성어의 일반적인 강세 규칙

합성어나 복합명사는 항상 앞쪽 어근에 강세가 들어간다.

▸ **team**work → 앞 쪽 team에 강세

▸ **job**seeker → 앞 쪽 job에 강세

▸ **mobile** phone → 앞 쪽 mobile에 강세

▸ **travel** agency → 앞 쪽 travel에 강세

⓬ 영어의 다양한 음운 현상

유음화 현상 모음 음가 사이에 있는 /t/와 /d/를 /ㄹ/로 편하게 발음하는 현상
(모음 음가 사이에 /rt/. /rd/ 혹은 /nt/는 /t/와 /d/를 생략음으로 발음하지 않기도 함)

▸ item → /아이름/

remo**d**eling → /뤼머—를링/

eat out → /이–라웃/

interview → /이–널view/

경음화 현상 모음이나 마찰음 뒤에 호흡이 많이 나가는 /p/. /t/. /k/. /c/의 격음을 된소리(경음)로 편하게 발음하는 현상

▸ s**p**eaking → /스삐—이낑/

s**t**ar → /스딸r–t/

s**k**ies → /스까–이즈/

lo**c**al → /로—우끌/

구개음화 현상 /t/와 /d/ 뒤에 /r/이 올 때 구개음으로 발음하는 현상
(/tr–/ = /ch–/와 유사하게 /dr–/ = /j–/와 유사하게 발음 됨)

▸ **tr**ave → /츄뤠–vel/

drink → /쥬륑k/

transportation → /츄랜스폴테–이션/

driving → /쥬롸–이ving/

묵음 현상   음가를 생략하여 실제로 발음하지 않는 현상

▸ /w/ 뒤에 /h/는 대부분 묵음

  where → /웨-얼r/

▸ /p/ 뒤에 /s/는 대부분 묵음

  psychologist → /싸이컬-르쥐스t/

▸ /s/ 뒤에 /t/는 대부분 묵음

  fa**st**en → /fㅐ-쓴/

▸ /k/,/d/ 앞에 /l/은 대부분 묵음

  wa**lk** → /워-어k/   cou**ld** → /쿳/

Note

Q 1-2
지문을 소리 내어 읽기
Read a text aloud

Q 1-2는 주어진 지문을 소리 내어 읽는 유형입니다.

총 두 문항이 출제되며 두 개의 지문이 컴퓨터 화면에 순차적으로 나타납니다. 각 문항별로 준비 시간(45초)과 답변 시간(45초)이 주어지니 이에 맞추어 지문을 다 읽으면 됩니다.

준비 시간 동안 주요 단어의 뜻, 발음법과 강세 법을 확인하고 각 문장의 시작과 끝을 파악한 후 답변 시간에는 지문 흐름이 깨지지 않도록 **매끄럽고 여유가 느껴지도록 읽어야 합니다.**

▶ 자가 진단 리스트

1 적당한 발화 속도가 될 수 있도록 지문을 45초 이내
로 읽었는가?

YES ☐　NO ☐

2 단어가 아닌 문장 단위로 매끄럽게 읽었는가?

YES ☐　NO ☐

3 /f/, /v/, /r/, /th/, /z/ 등 특수 자음과 모음 음가를
정확히 발음했는가?

YES ☐　NO ☐

4 단어마다 강세의 음절 위치를 잘 지켜서 읽었는가?

YES ☐　NO ☐

5 문장 속 기능어에는 비 강세를, 내용어에는 강세를
적용하여 읽었는가?

YES ☐　NO ☐

6 문장의 끝을 안정적으로 하강 억양 처리하였는가?

YES ☐　NO ☐

1 시험정보

문제 번호	준비 시간	답변 시간	평가 점수
Question 1-2 (단독 2문항)	45초	45초	문항당 0 ~ 3점
평가 기준			
❶ 발음 : 조음 법에 맞는 음가 생성을 정확히 하는지 ❷ 강세 : 단어들의 음절 강세를 지켜서 읽는지 ❸ 억양 : 강세에 따라 자연스러운 억양이 형성되는지			
빈출 지문 유형			
❶ 행사 안내문 ❷ 전화 ARS 안내문 ❸ 광고문 ❹ 신입직원 안내문 ❺ 일기 예보 ❻ 교통 정보 ❼ 방송 프로그램 안내문			

2 출제 경향

주로 안내문이나 광고문 형식의 지문이 출제되며 지문 속에는 수험자가 쉽게 읽지 못하는 고유 명사, 서수, 다음 절 어휘, 특수한 조음 방식을 갖는 자음을 포함한 어휘, 나열형 문장, 그리고 의미에 따라 여러 가지 발음/강세법으로 읽히기도 하는 동철이의어가 될 수 있는 어휘들도 속속들이 삽입되어 있다. 발음과 강세에 대한 스케일을 평가 중심 요소로 두고 수험자가 다소 복잡한 성격의 지문을 영어가 모국어인 상대에게 얼마나 흡수력 있게 전달할 수 있는지에 대해 평가하는 것을 목적으로 출제한 파트다.

TOEIC Speaking

Questions 1-2: Read a text aloud

Directions:

In this part of the test, you will read aloud the text on the screen. You will have 45 seconds to prepare. Then you will have 45 seconds to read the text aloud.

안내문

45초의 준비 시간과 45초의 답변 시간이 주어진다는 안내 음성과 함께 같은 내용이 화면에 텍스트로 보여진다.

TOEIC Speaking
Question 1 of 11

Good evening and welcome to Summerside orchestra's winter concert, which will feature soloist Naomi Wilson. Ms. Wilson is a well-known musician, a violinist and a composer. This evening, she will be performing several classical pieces. Now, let's welcome Ms. Wilson to the stage.

PREPARATION TIME
00 : 00 : 45

준비 시간 45초

문제의 지문이 화면에 제시되고 "Begin preparing now"라는 음성이 나온다. 이어지는 'beep' 소리 이후 45초의 준비 시간이 주어진다.

TOEIC Speaking
Question 1 of 11

Good evening and welcome to Summerside orchestra's winter concert, which will feature soloist Naomi Wilson. Ms. Wilson is a well-known musician, a violinist and a composer. This evening, she will be performing several classical pieces. Now, let's welcome Ms. Wilson to the stage.

RESPONSE TIME
00 : 00 : 45

답변 시간 45초

준비 시간 종료 후, "Begin reading aloud now"라는 음성이 나온다. 이어지는 'beep' 소리 이후 45초의 답변 시간이 주어진다.

고득점 공략법

 핵심만 한방에!

토익 스피킹 상위 레벨에서는 단순 발음 실수나 강세 오류가 거의 나타나지 않기 때문에 실수를 줄여야 한다. 자연스럽고 전달력 높은 발화 스타일을 구현하는 것 역시 Q 1-2 고득점의 관건이다. 더불어 Q 1-2는 다른 Part에서의 발음과 강세 중심을 잡아 두기 위해 반드시 필요한 영어 말하기 전반의 기초공사에 해당한다.

1 고득점 보장! 감점 제로 전략

누구나 하기 쉬운 발음 실수를 잡아라.

❶ **특정 자음 발음 혼동**

비원어민의 음운 체계로는 구별하기 어려운 영어 자음이 연달아 나올 경우 두 자음을 똑같이 발음하는 실수

예 /j/ vs. /z/ Tonight, you can enjoy an amazing performance.
    /p/ vs. /f/ 오늘밤, 당신은 굉장한 공연을 보게 될 것입니다.

    /pl/ vs. /pr/ To get information about membership, please press three.
    회원제에 대한 정보를 알고 싶으시다면 3번을 눌러주세요.

    /v/ vs. /b/ Please gather your electronic devices and bags.
    전자기기와 가방을 챙겨 주시기 바랍니다.

    /th/ vs. /s/ On Saturday, thunderstorms are likely to occur.
    토요일에는 뇌우가 칠 가능성이 있습니다.

❷ **모음 발음 오류**

단어 전체를 보지 않고 알파벳 철자만을 보고 잘못된 모음 음가로 발음하는 실수

예 We will offer some free gifts.   → /오/ (X)   /어/ (O)
    우리는 무료로 선물을 제공할 것입니다.

    Please open an internet browser.   → /어/ (X)   /오우/ (O)
    인터넷 브라우저를 열어 주시기 바랍니다.

    We are predicting rain this weekend. → /에/ (X)   /이/ (O)
    이번 주말에 비가 올 것으로 예상됩니다.

    Good morning ladies and gentlemen. → /우/ (X)   /으/ (O)
    안녕하세요 신사 숙녀 여러분.

❸ 품사 구분 실패로 인한 발음 및 강세 오류

품사나 의미에 따라 발음 및 강세가 변하는 단어의 쓰임을 제대로 파악하지 못하여 범하는 실수

◉ We are happy to pre**sent** her with this award. 우리는 그녀에게 이 상을 수여하게 되어 기쁘다.

→ 동사 – pre**sent** /프뤼젠ㅌ/ 뒤쪽 강세 vs. 명사 – **pre**sent /프뤠–젠t/ 앞쪽 강세

You will get to enjoy live music. 당신은 라이브 음악을 즐길 수 있을 것이다.

→ 형용사 – live /라–이브/ vs. 동사 – live /리브/

Do not re**cord** or take pictures. 녹화하거나 사진을 찍지 마십시오.

→ 동사 – re**cord** /르콜r–d/ 뒤쪽 강세 vs. 명사 – **re**cord /뤠–껄rd/ 앞쪽 강세

Please read the hand**out** thoroughly. 유인물을 잘 읽어 보십시오.

→ 명사 – **hand**out /핸–다웃/ 앞쪽 강세 vs. 동사 – hand **out** /핸드 아우–ㅌ/ 뒤쪽 강세

감점으로 이어지는 잘못된 발화 습관을 버려라.

❶ 끊어 읽기(pause)가 없는 속사포 랩형 발화

제한 시간에 대한 부담감으로 문장과 문장 혹은 어구와 어구 사이를 끊어 읽지 않고 빠르게만 읽는 습관

◉ Thank you for calling Ken's hair salon. (끊고) To schedule an appointment, (끊고) please press one. (끊고) Press zero, (끊고) to hear our business hours, (끊고) location, (끊고) and services offered.
Ken's 미용실에 전화 주셔서 감사합니다. 예약을 하시려면 1번을 눌러주세요. 영업시간, 위치, 그리고 서비스에 대해서 들으시려면 0번을 눌러주세요.

→ 마침표 혹은 쉼표 뒤, 그리고 전치사 어구 앞에서는 자연스럽게 끊어 읽어야 한다.

❷ 습관성 상승 억양 처리

문장의 끝 음조를 불필요하게 상승 억양으로 올려 읽는 습관

◉ Thank you for calling Ken's hair salon. (하강 억양) To schedule an appointment, please press one. (하강 억양) Press zero, to hear our business hours, location, and services offered. (하강 억양)

→ 문미의 끝 음조는 일반적으로 하강 억양으로 자연스럽게 내려 읽어야 한다.

❸ 지나치게 잦은 번복과 발음 수정

잘못 읽었거나 수정하고 싶은 발음과 강세를 지나치게 자주 번복하는 습관

◉ Feel free to ask our associate if you need any help.
도움이 필요하시면 언제든지 저희 직원에게 문의해주세요.

→ 만약 associate의 강세를 다른 음절에 잘못 두고 읽었다면, 이 단어만 신속하게 수정하여 읽고 자연스럽게 이어서 읽어야 한다.

❶ 고유명사

고유명사의 발음/강세 오류는 큰 감점으로 이어지지 않는다. 대신 이로 인한 발화의 흐름이 끊기지 않도록 오래 고심하지 말고 발음법을 대략 유추하여 자신 있게만 읽으면 된다.

예 지역 이름 **Adelaide** /애—를레이(d)/
장소 이름 **Chermside Shopping Center** /첨 싸이— 셔삥 쎄널r/
사람 이름 **Daniela Bianchi** /대니엘—라 비안—쉬/

❷ 나열형 문장

세 가지 항목이 and/or로 연결되어 있는 나열형 문장은 한 번에 읽어 내기 쉽지 않다. 따라서 준비 시간 동안 나열 요소들을 미리 파악해 두어 실제 읽기에서 억양이나 발음, 끊어 읽기 등에 실수가 없도록 한다.

예 ··· ① **dedica**tion, (쉬고) ② **mar**keting, (쉬고) and ③ **on**line sales.

❸ 빈출 발음/강세 오류 어휘

3음절 이상의 다음절 단어들이나 특수 자음을 포함하는 단어들은 오류가 잦은 만큼 평가의 중심이 되는 어휘들이기 때문에 준비 시간을 이용하여 미리 발음법과 강세 음절 위치를 파악하여 각별히 유의해서 읽도록 한다.

예 다음절 단어
repre**sen**tative, in**struc**tional, envi**ron**mental, de**mon**stration

특수 자음 음가 포함 단어
Ms. **Mor**gan, **fes**tival, **me**thods, e**ffec**tive, **thoughts**

유형훈련

◀◀◀ 1 ▶▶▶ 행사 안내문

STEP 1 아래 지문을 읽어보기 ◀◻ PI_01

Welcome and thank you for attending this year's Adelaide Business Award Celebration. For the past decade, we have honored businesses from the Adelaide area. This year, we will be presenting awards for excellence in dedication, marketing and online sales. After the award ceremony, there will be a reception at the Docent hotel.

Adelaide 비지니스 시상식에 참여해 주셔서 감사하고 환영합니다. 지난 10년간 Adelaide 지역의 비지니스를 기념해왔습니다. 올해는 헌신, 마케팅 그리고 온라인 매출 실적의 우수함에 대한 시상을 할 것입니다. 시상이 끝난 뒤에는 Docent 호텔에서 다과회가 있을 예정입니다.

고득점 가이드 준비 시간을 활용하여 대비해야 할 주요 어휘와 표현

▸ 나열형 문장

① dedi**ca**tion, (쉬고) ② **mar**keting, (쉬고) and ③ **on**line sales

▸ 빈출 발음/강세 오류 어휘

a**ward** [어월~r(d)] 상	cele**bra**tion [쎌르브뤠~이션] 기념 행사
decade [덱~케이(d)] 10년	pre**sen**ting [프뤼zen~팅] 보여주는
ceremony [쎄~reu모우니] 기념식	

STEP 2 모범 답변 학습하기

Welcome and thank you for attending this year's Adelaide **Bu**siness **A**ward Cele**bra**tion.↘ / For the past **de**cade,↘ / we have **ho**nored businesses from the Adelaide area. / This year, we will be pre**sen**ting awards for e**xc**ellence in dedi**ca**tion,↘ / **mar**keting↘ / and **on**line sales. ↘ / After the award **ce**remony,↘ / there will be a re**cep**tion at the Docent ho**tel**. ↘ /

TIP 고유명사 읽기 (* 어떻게 읽든 실제 평가에는 영향 없음)

Adelaide /에~를레이d/   Docent /도~쓴/

◄◄◄ 2 ▸▸▸ 교통 정보 안내문

STEP 1 아래 지문을 읽어보기 ◀)) PI_02

Now, it's time for the night traffic report on Channel Nine News. This evening, motorists in the financial district are experiencing delays on Graveside Avenue. Since maintenance crews are working on repairing the road, nearby streets are all blocked. So, please be aware of these areas, take note of posted detours, and expect heavy congestion.

9번 채널 뉴스의 심야 교통 정보 시간입니다. 오늘 저녁에는 금융가의 운전자들이 Graveside가에서 교통 체증을 겪을 예정입니다. 작업자들이 도로에서 수리 작업을 진행하는 관계로 근처 거리가 모두 폐쇄될 것입니다. 그래서, 이 구역 주변을 주의하고, 우회 표지판을 잘 참고하여, 교통 체증에 대비하시기 바랍니다.

고득점 가이드 준비 시간을 활용하여 대비해야 할 주요 어휘와 표현

▸ 나열형 문장
① please be a**ware** of these areas, ⁽쉬고⁾ ② take note of **pos**ted **de**tours, ⁽쉬고⁾ and
③ ex**pect** heavy con**ges**tion

▸ 빈출 발음/강세 오류 어휘
motorists [모〜우랄r뤼스(t)] 운전자   fi**nan**cial [fa이낸〜셜] 재정의
district [디〜스트릭(t)] 구역   **main**tenance [메〜인는스] 유지
detour [디〜투얼r] 우회로

STEP 2 모범 답변 학습하기

Now, it's time for the night traffic re**port** on Channel Nine News. ↘ / This evening, ↘ / **mo**torists in the fi**nan**cial **dis**trict are ex**pe**riencing delays on Graveside **A**venue. ↘ / Since **main**tenance crews are working on re**pai**ring the road, ↘ / nearby streets are **all** blocked. ↘ / So, ↘ / please be a**ware** of these areas, / take note of **pos**ted **de**tours, / and ex**pect** heavy con**ges**tion. ↘ /

TIP 고유명사 읽기 (* 어떻게 읽든 실제 평가에는 영향 없음)
Graveside /그뤠〜이v 싸〜이d/

3 ▶▶▶ 광고 안내문

STEP 1 아래 지문을 읽어보기 ◀)) P1_03

Attention please, Wonder Land Electronics Shoppers. Our summer sale, the biggest sale of the year is currently under way. We have reduced the prices of all brands of portable speakers, desktop computers, and software products. What's more, you can save fifteen percent on all purchases over three hundred dollars. You can ask a sales associate for further information.

Wonder Land 전자 제품 쇼핑객 여러분께 안내 말씀 드리겠습니다. 연중 가장 큰 할인 행사인 여름 할인 행사가 현재 진행 중입니다. 저희는 모든 브랜드의 휴대용 스피커, 데스크톱 컴퓨터, 그리고 소프트웨어 제품의 가격을 인하했습니다. 또한, 300달러 이상 구매하시면 15%를 할인받을 수 있습니다. 더 자세한 정보를 알고 싶으시다면 저희 직원에게 문의 바랍니다.

고득점 가이드 준비 시간을 활용하여 대비해야 할 주요 어휘와 표현

▸ 나열형 문장

① **por**table **spea**kers, (쉬고) ② **desk**top com**pu**ters, (쉬고) and ③ **soft**ware **pro**ducts

▸ 빈출 발음/강세 오류 어휘

elec**tro**nics [을렉트뤄~닉S] 전자 제품
com**pu**ters [큼퓨~럴r] 컴퓨터

products [프뤄~덕ch] 제품
purchases [펄~츠쓰S] 구매

a**sso**ciate [으쏘~우씨읏] 판매원

STEP 2 모범 답변 학습하기

Attention please, / Wonder Land Elec**tro**nics Shoppers. ＼/ Our summer sale, ＼/ the biggest sale of the year is **cur**rently under way. ＼/ We have re**duced** the prices of all brands of **por**table **spea**kers, / **desk**top com**pu**ters / and **soft**ware **pro**ducts. ＼/ What's more, ＼/ you can save fif**teen** per**cent** on all **pur**chases over three hundred dollars. ＼/ You can ask a sales a**sso**ciate for further infor**ma**tion. ＼/

TIP 고유명사 읽기 (* 어떻게 읽든 실제 평가에는 영향 없음)

Wonder Land /원-덜r 래-앤d/

방송 프로그램 안내문

STEP 1 아래 지문을 읽어보기 ◄)) P1_04

Hello and welcome to today's episode for home owners. You should periodically get rid of old and unused items in order to keep your house tidy. Did you know that old furniture can be recycled? Your beds, sofas, and desks can all be recycled. So, stay tuned to Channel eight for more details related to the housekeeping topic.

안녕하세요. 집 주인을 위한 오늘의 에피소드에 오신 것을 환영합니다. 집을 깨끗하게 유지하기 위해 낡거나 쓰지 않는 물건들을 주기적으로 처분할 것을 추천합니다. 낡은 가구가 재활용이 가능하다는 것 알고 계셨나요? 당신의 침대, 소파, 그리고 책상도 모두 재활용이 가능합니다. 그러므로, 집 관리 주제에 대해 더 많은 것을 알고 싶다면 8번 채널을 고정해주세요.

고득점 가이드 준비 시간을 활용하여 대비해야 할 주요 어휘와 표현

▸ 나열형 문장
  ① **beds**, (쉬고) ② **so**fas, (쉬고) and ③ **desks**

▸ 빈출 발음/강세 오류 어휘
  episode [에~삐쏘우d] 회차   **home ow**ners [호~움 오~우널rz] 집 주인
  peri**o**dically [피뤼어~르클리] 주기적으로   **so**fas [쏘~우f az] 소파
  details [디-테이을z] 상세 정보

STEP 2 모범 답변 학습하기

Hello / and welcome to today's **episode** for **home ow**ners. ↘ / You should peri**o**dically get **rid** of **old** and **un**used items / in order to keep your house **ti**dy. ↘ / Did you know that old **fur**niture can be re**cy**cled? ↗ / Your **beds**, / **so**fas, / and desks / can all be re**cy**cled. ↘ / So, ↘ / **stay tun**ed to Channel eight for more **de**tails related to the housekeeping topic. ↘ /

주의 의문문 읽기 (* yes or no로 답해야 하는 성격의 의문문만 유일하게 상승 억양으로 올려 읽음)

Did you know that old furniture can be recycled? ↗ (올려 읽기)

5 ▶▶▶ 일기 예보

STEP 1 아래 지문을 읽어보기 ◀) PI_05

Time for the evening weather update. After having a few days of thunderstorms, the Westfield area will finally experience warmer temperatures. The snowfall is expected to stop completely soon, and the sun will be out for most of the day this weekend. We are predicting clear skies, light winds, and high temperature of sixty-five degrees.

저녁 날씨 뉴스 시간입니다. 며칠 간 뇌우가 온 뒤, 드디어 Westfield 지역의 기온이 따뜻해 질 전망입니다. 눈 내림은 곧 완전히 멈출 예정이며, 이번 주말에는 대부분 해가 떠 있을 것으로 예상됩니다. 맑은 하늘과 가벼운 바람, 그리고 65도의 높은 기온이 될 것으로 예측합니다.

고득점 가이드 준비 시간을 활용하여 대비해야 할 주요 어휘와 표현

▸ 나열형 문장

① **clear** skies, ⁽쉬고⁾ ② **light** winds, ⁽쉬고⁾ and ③ **high tem**perature of **sixty-five de**grees

▸ 빈출 발음/강세 오류 어휘

thunderstorms [thun~덜r 스또r음s] 뇌우   **tem**peratures [템~프뤄쳘s] 기온
pre**dic**ting [프뤼딕~띵] 예측하는   com**ple**tely [큼플리~잇리] 완전히
skies [스까~이z] 하늘   de**grees** [드그뤼~z] 도

STEP 2 모범 답변 학습하기

Time for the evening weather **up**date. ＼/ After having a few days of **thun**derstorms, ＼/ the Westfield area will finally ex**per**ience warmer **tem**peratures. ＼/ The **snow**fall is ex**pec**ted to stop com**ple**tely soon, ＼/ and the sun will be out for **most** of the day this weekend. ＼/ We are pre**dic**ting **clear** skies, ＼/ **light** winds, ＼/ and **high tem**perature / of **sixty-five de**grees. ＼/

TIP 고유명사 읽기 (* 어떻게 읽든 실제 평가에는 영향 없음)
Westfield /웨~스t f l 을d/

◀◀◀ 6 ▶▶▶ ARS 안내문

STEP 1 아래 지문을 읽어보기 🔊 PI_06

Thank you for contacting the Taylor Convention Center. If you would like to make a reservation, press one. For questions about our exhibition program, press two. For information about our exhibit hall, conference room or catering service, please press zero. For any other inquiries, please remain on the line and our representative will help you shortly.

Taylor 컨벤션 센터에 연락주셔서 감사합니다. 예약을 원하시면, 1번을 눌러 주세요. 전시 프로그램에 대한 문의 사항이 있으시면, 2번을 눌러 주세요. 전시회, 컨퍼런스 룸 혹은 케이터링 서비스에 대한 정보를 알고 싶으시면, 0번을 눌러 주세요. 기타 문의는 잠시 기다려 주시면 담당자가 곧 도와드리겠습니다.

고득점 가이드 준비 시간을 활용하여 대비해야 할 주요 어휘와 표현

▶ 나열형 문장

① **exhi**bit hall, (쉬고) ② **con**ference room, (쉬고) or ③ **ca**tering **ser**vice

▶ 빈출 발음/강세 오류 어휘

contacting [컨~택팅] 연락하는

ex**hi**bit [이그zi~빗] 전시회

repre**sen**tative [뤠프뤼ze~느티v] 담당자

exhi**bi**tion [엑스비~션] 전시회

in**qui**ries [은콰~이으뤼z] 문의 사항

STEP 2 모범 답변 학습하기

Thank you for **con**tacting the Taylor Con**ven**tion **Cen**ter. ↘ / If you would like to make a reser**va**tion, ↘ / press one. ↘ / For questions about our exhi**bi**tion **pro**gram, ↘ / press two. ↘ / For infor**ma**tion about our ex**hi**bit hall, / **con**ference room / or **ca**tering **ser**vice, / please press **ze**ro. ↘ / For any other in**qui**ries, ↘ / please re**main** on the line ↘ / and our repre**sen**tative will help you **shor**tly. ↘ /

TIP 고유명사 읽기 (* 어떻게 읽든 실제 평가에는 영향 없음)

Taylor /테~일럴r/

Note

Set 1   ◄) PI_07 모범답변 P38

TOEIC Speaking

Questions 1-2: Read a text aloud

Directions:

In this part of the test, you will read aloud the text on the screen. You will have 45 seconds to prepare. Then you will have 45 seconds to read the text aloud.

TOEIC Speaking   Question 1 of 11

And now, for the Channel Fifteen traffic report. Due to construction work, Sunnybank Road will be blocked off until tomorrow morning. Drivers are advised to take alternate routes until the work is finished. We recommend using Shaw Avenue, Center Road, or Pine Circle Drive. If you want to keep up with current information on road conditions, stay tuned to Channel Fifteen News.

PREPARATION TIME	RESPONSE TIME
00 : 00 : 45	00 : 00 : 45

TOEIC Speaking   Question 2 of 11

Thank you for contacting Jenifer's Clothing Store. Unfortunately, all our operators are not available to take your call now. For information about our business hours, location, and discounts, you can visit our website. If you would like to communicate with our sales representative, please press zero and leave a detailed message. We will contact you shortly.

PREPARATION TIME	RESPONSE TIME
00 : 00 : 45	00 : 00 : 45

TOEIC Speaking

Questions 1-2: Read a text aloud

Directions:

In this part of the test, you will read aloud the text on the screen. You will have 45 seconds to prepare. Then you will have 45 seconds to read the text aloud.

TOEIC Speaking   Question 1 of 11

Treat yourself to a new look this summer. The Parkinson Cosmetics Store has just released a wonderful line of products. These include skincare products, hair conditioners, and perfumes. If you are shopping for quality cosmetics and haircare items at low prices, visit our store today for a thirty percent discount. Mention this advertisement to our associate.

PREPARATION TIME	RESPONSE TIME
00 : 00 : 45	00 : 00 : 45

TOEIC Speaking   Question 2 of 11

We are pleased to have Jenna Osmond on the show to introduce her new cookbook. Jenna's new cookbook includes useful recipes and has received incredible reviews. In particular, everyone is talking about the combination of spices she uses for her appetizers, main dishes and even deserts. Let's welcome Jenna to the show.

PREPARATION TIME	RESPONSE TIME
00 : 00 : 45	00 : 00 : 45

TOEIC Speaking

Questions 1-2: Read a text aloud

Directions:

In this part of the test, you will read aloud the text on the screen. You will have 45 seconds to prepare. Then you will have 45 seconds to read the text aloud.

TOEIC Speaking   Question 1 of 11

In local news for today, the festival at the Cherrywood Community Center will begin this Sunday. So, if you are looking for an exciting occasion, drop by our festival and enjoy the singing contest, dance performances, and fun games. The admission is absolutely free, and all the events are open to the public.

PREPARATION TIME	RESPONSE TIME
00 : 00 : 45	00 : 00 : 45

TOEIC Speaking   Question 2 of 11

Attention, shoppers. This week, we are having big sales on many products such as printers, copy machines, and laptop computers at Tideland Electronics. If you want to get more information or inquire about discounted prices, do not hesitate to call our customer service representative for help. Our top priority is customer satisfaction.

PREPARATION TIME	RESPONSE TIME
00 : 00 : 45	00 : 00 : 45

TOEIC Speaking

Questions 1-2: Read a text aloud

Directions:

In this part of the test, you will read aloud the text on the screen. You will have 45 seconds to prepare. Then you will have 45 seconds to read the text aloud.

TOEIC Speaking   Question 1 of 11

Thank you for calling Kelly's Bakery. If you would like to place an order, please press one. Press two for our directions, discount coupons, and business hours. To know more of our complete menu or detailed information of our ingredients, you may visit our website.

PREPARATION TIME	RESPONSE TIME
00 : 00 : 45	00 : 00 : 45

TOEIC Speaking   Question 2 of 11

Welcome to the annual dinner for the Timberlake community service awards. This evening, we will be honoring members of the community who volunteered to put in their time to help others. Before we begin, I would like to thank the planning board for making this event possible. Their hard work, dedication, and patience are appreciated.

PREPARATION TIME	RESPONSE TIME
00 : 00 : 45	00 : 00 : 45

TOEIC Speaking

Questions 1-2: Read a text aloud

Directions:

In this part of the test, you will read aloud the text on the screen. You will have 45 seconds to prepare. Then you will have 45 seconds to read the text aloud.

TOEIC Speaking   Question 1 of 11

That concludes today's broadcast of 'Wellington Report'. If you'd like to hear this episode again, it'll air for second time tomorrow at noon. Otherwise, you could access online at our website and remember to tune in next Sunday when we'll be interviewing the famous Actor Craig Donaldson. He will be talking about his childhood, family, and career.

PREPARATION TIME	RESPONSE TIME
00 : 00 : 45	00 : 00 : 45

TOEIC Speaking   Question 2 of 11

If you're looking for equipment for your winter activities, come to Jackson's Sporting Goods. Visit any of our sixteen locations to take advantage of our seasonal discounts. From now on until the end of winter, save money buying skiing, snowboarding, and hiking equipment. Remember, Jackson's Sporting Goods is always on your team.

PREPARATION TIME	RESPONSE TIME
00 : 00 : 45	00 : 00 : 45

◀) PI_I2 모범답변 P40

TOEIC Speaking

Questions 1-2: Read a text aloud

Directions:

In this part of the test, you will read aloud the text on the screen. You will have 45 seconds to prepare. Then you will have 45 seconds to read the text aloud.

TOEIC Speaking   Question 1 of 11

Thank you for joining me on this tour of the Hamilton Science Museum. I'll be the guide today. On this tour, we'll explore the scientists, events, and technology that have contributed to human history. If you have any questions about the exhibits, I can answer them along the way.

PREPARATION TIME	RESPONSE TIME
00 : 00 : 45	00 : 00 : 45

TOEIC Speaking   Question 2 of 11

On tonight's world book podcast, we'll be introducing the renowned author, Catherine Teish. Ms. Teish is known for her novels, essays, and stories for kids. Her latest work, 'Over the Rainbow' has already received critical reviews. After the interview, Ms. Teish will answer questions submitted by our listeners.

PREPARATION TIME	RESPONSE TIME
00 : 00 : 45	00 : 00 : 45

Set 7   ◀) PI_I3 모범답변 P4I

TOEIC Speaking

Questions 1-2: Read a text aloud

Directions:

In this part of the test, you will read aloud the text on the screen. You will have 45 seconds to prepare. Then you will have 45 seconds to read the text aloud.

TOEIC Speaking   Question 1 of 11

This weekend, we're expecting several thunderstorms in the southern area. We recommend you prepare waterproof boots, umbrellas, and raincoats if you must go out in the rain. While things should clear up by Thursday morning, we're predicting colder weather later in the week. By weekend, you may even need your winter jacket.

PREPARATION TIME	RESPONSE TIME
00 : 00 : 45	00 : 00 : 45

TOEIC Speaking   Question 2 of 11

Looking for a perfect home? City East Apartments is the place for you. Our renovated apartments have spacious parking area, convenient facilities for the residents, and modern kitchens. Additionally, our facility features gym and an indoor swimming pool. If you are interested in our apartments, register a tour on our website.

PREPARATION TIME	RESPONSE TIME
00 : 00 : 45	00 : 00 : 45

Note

모범답변 ANSWER

🔒 고득점 파이널 TEST

◀◀◀ SET 01 ▶▶▶　 �))PI_07

Q1 And now, ╲/ for the Channel Fif**teen** traffic re**port**. ╲/ Due to cons**truc**tion work, ╲/ Sunnybank Road will be blocked **off** ╱/ until to**mor**row morning. ╲/ Drivers are ad**vised** to take al**ter**nate routes ╲/ un**til** the work is fin**ished**. ╲/ We re**commend** using <u>Shaw Avenue</u>, / <u>Center Road</u>, / or <u>Pine Circle Drive</u>. ╲/ If you want to keep up with **cur**rent infor**ma**tion on road con**di**tions, ╲/ stay tuned to Channel Fif**teen** News. ╲/

15번 채널의 교통 정보 시간입니다. 공사로 인해 Sunnybank 도로는 내일 아침까지 폐쇄될 예정입니다. 운전자들은 공사가 끝날 때까지 우회로를 이용하실 것을 권장 드립니다. Shaw가, Center 도로 혹은 Pine Circle 드라이브를 이용할 것을 추천합니다. 도로 상황에 대한 정보를 계속 알고 싶으시면 15번 뉴스 채널을 고정해 주세요.

Q2 Thank you for **con**tacting Jenifer's **Clo**thing Store. ╲/ Unfortunately, ╲/ all our **o**perators are not a**vai**lable to take your call now. ╲/ For infor**ma**tion about our <u>business hours</u>, / <u>location</u>, / and <u>dis**counts**</u>, ╲/ you can visit our website. ╲/ If you would like to comm**u**nicate with our sales repre**sen**tative, ╲/ please press **ze**ro /and **leave** a de**tailed** me**ssage**. ╲/ We will **con**tact you shortly.

Jenifer의 옷 가게에 연락 주셔서 감사합니다. 안타깝지만 현재 모든 상담원들이 통화 중입니다. 영업 시간, 위치, 그리고 할인에 대한 정보를 알고 싶으시다면 저희 웹 사이트를 방문해 주시기 바랍니다. 저희 매장 담당자와 연결을 원하시면, 0번을 누르시고 자세한 메세지를 남겨 주세요. 곧 연락 드리도록 하겠습니다.

◀◀◀ SET 02 ▶▶▶　 �))PI_08

Q1 Treat yourself to a new look this summer. ╲/ The Parkinson Cos**me**tics Store has just re**leased** a wonderful line of **pro**ducts. ╲/ These in**clude** <u>skin**care** pro**ducts**</u>, / <u>hair conditioners</u>, / and <u>per**fumes**</u>. ╲/ If you are **sho**pping for quality cos**me**tics and **hair**care items at low prices, ╲/ visit our store today for a thirty **percent discount**. ╲/ Mention this adver**tise**ment to our **asso**ciate. ╲/

이번 여름에 변신을 시도해 보세요. Parkinson 화장품 가게에서 멋진 제품라인을 출시하였습니다. 이 제품라인에는 피부 관리 제품, 린스, 그리고 향수가 포함됩니다. 저렴한 가격에 양질의 화장품과 머리 관리 제품을 찾고 있으시다면, 저희 가게로 오셔서 30% 할인 혜택을 받아보세요. 이 광고를 보고 오셨다고 저희 직원에게 말해주세요.

Q2 We are pleased to have Jenna Osmond on the show to intro**duce** her new **cook**book. ╲/ Jenna's new **cook**book in**cludes** ╲/ useful re**cipes** ╲/ and has re**ceived** in**cre**dible re**views**. ╲/ In particular, everyone is talking about the combi**na**tion of spices she uses for her <u>appetizers</u>, / <u>main dishes</u>, / and <u>even de**serts**</u>. ╲/ Let's welcome Jenna to the show. ╲/

우리는 Jenna Osmond가 그녀의 새 요리책을 소개하기 위해 그 쇼에 출연하게 되어 기쁩니다. Jenna의 요리책은, 유용한 요리법을 포함하고 있고 이에 대해 좋은 평을 받았습니다. 특히, 그녀가 전채 요리, 메인 요리, 그리고 심지어는 후식에도 사용하는 향신료 조합은 장안의 화제가 되고 있습니다. Jenna를 쇼에 모시도록 하겠습니다.

38 ▶ Q 1-2

◀◀◀ SET 03 ▶▶▶ ◀⦆ PI_09

Q1
In local news for today, ╲/ the **fes**tival at the Cherrywood Co**mmu**nity Center will be**gin** this Sunday. ╲/ So, / if you are looking for an ex**ci**ting o**cca**sion, / drop **by** our **fes**tival, and en**joy** the <u>**sing**ing contest</u>, / <u>dance per**for**mances</u>, / and <u>fun games</u>. ╲/ The ad**mi**ssion is **ab**solutely free, and all the events are **o**pen to the public. ╲/

오늘의 지역뉴스에서는. 이번주 일요일에 Cherrywood 커뮤니티 센터에서 축제가 열림을 알려드립니다. 그래서, 즐거운 일을 찾고 있다면, 축제에 오셔서 노래 대회, 댄스 공연, 그리고 재미난 게임을 즐겨보세요. 입장료는 무료이며, 모든 행사는 지역 주민들에게 열려 있습니다.

Q2
Attention, **sho**ppers. ╲/ This week, we are having big sales on many **pro**ducts such as <u>**prin**ters</u>, / <u>**co**py ma**chin**es</u>, / and <u>**lap**top com**pu**ters</u> / at Tideland Electronics. ╲/ If you want to get more infor**ma**tion or in**quire** about **dis**counted prices, ╲/ do not **he**sitate to call our **cus**tomer service repre**sen**tative for help. ╲/ Our top pri**or**ity is customer satis**fac**tion. ╲/

쇼핑객들께 안내 말씀드리겠습니다. 이번주에 Tideland 전자에서는 프린터, 복사기, 그리고 노트북을 비롯하여 많은 제품들에 대해 큰 할인을 진행중입니다. 더 많은 정보를 알고 싶으시거나 할인된 가격에 대해 문의사항이 있으시면, 주저하지 마시고 저희 고객 서비스 담당자에게 도움을 요청하시기 바랍니다. 저희의 우선 순위는 고객 만족입니다.

◀◀◀ SET 04 ▶▶▶ ◀⦆ PI_10

Q1
Thank you for calling Kelly's **Ba**kery. ╲/ If you would like to place an order, / please press one. ╲/ Press two for our <u>di**rec**tions</u>, / <u>**dis**count **cou**pons</u>, / and <u>**bus**iness hours</u>. ╲/ To know more of our com**plete** menu or de**tail**ed information of our in**gre**dients, ╲/ you may **vis**it our **web**site. ╲/

Kelly의 제과점에 연락주셔서 감사합니다. 주문을 원하시면, 1번을 눌러주세요. 찾아오는 길, 할인 쿠폰, 그리고 영업시간에 대해 들으시려면 2번을 눌러주세요. 저희 모든 메뉴나 재료에 대해 상세한 정보를 알고 싶으시면, 웹 사이트를 방문해 주세요.

Q2
Welcome to the annual dinner for the Timberlake com**mu**nity service a**wards**. ╲/ This evening, ╲/ we will be **ho**noring members of the com**mu**nity who vol**unteer**ed to put in their time to help others. ╲/ **Before** we be**gin**, ╲/ I would like to thank the planning board for **ma**king this e**vent po**ssible. ╲/ Their <u>hard work</u>, / <u>dedi**ca**tion</u>, / and <u>**pa**tience</u> are appre**ci**ated. ╲/

Timberlake 커뮤니티 서비스 시상식의 연례 디너 행사에 오신 것을 환영합니다. 오늘 밤. 행사에서는 다른 사람들을 위해 봉사한 커뮤니티 멤버들을 축하할 예정입니다. 시작하기에 앞서, 이 행사를 마련하도록 도와준 기획 위원회분들께 감사의 말씀드립니다. 그들의 노고, 헌신 그리고 인내에 감사드립니다.

Q1 That con**cludes** today's broadcast of 'Wellington Re**port**'. ↘ / If you'd like to hear this **e**pisode again, ↘ / it'll air for second time tomorrow at noon. ↘ / **O**therwise, you could **a**ccess on**line** at our website and remember to tune **in** next Sunday when we'll be **in**terviewing the famous Actor Craig Donaldson. ↘ / He will be talking about his **child**hood, **fam**ily, and **car**eer. ↘ /

이것으로 Wellington 뉴스를 마치겠습니다. 이번 에피소드를 다시 청취하시려면 내일 정오에 재방송이 있으니 참고해주세요. 다른 방법으로는 우리 웹사이트에 접속해서 청취할 수 있고 다음주 일요일에 우리가 유명 배우 Craig Donaldson 씨를 인터뷰할 때 청취하는 것도 잊지 말아주세요. Craig Donaldson 씨는 그의 유년 시절, 가족, 그리고 커리어에 대해 이야기할 예정입니다.

Q2 If you're looking for **equip**ment for your winter activities, come to Jackson's Sporting Goods. ↘ / Visit any of our sixteen lo**ca**tions to take ad**van**tage of our **sea**sonal **dis**counts. ↘ / From now on un**til** the end of winter, save money buying **ski**ing, **snow**boarding, and **hi**king **equip**ment. ↘ / Remember, Jackson's Sporting Goods is always on your team. ↘ /

겨울 스포츠를 위한 장비를 찾고 있다면 Jackson's Sporting Goods로 오세요. 계절 할인의 기회를 놓치지 않으려면 우리의 열 여섯 개 지점 중 한 곳을 방문하면 됩니다. 지금부터 겨울말까지 스키, 스노우보드, 그리고 등산 장비를 구매할 때 절약하세요. Jackson's Sporting Goods는 항상 고객을 생각합니다.

Q1 Thank you for joining me on this tour of the Hamilton Science Mu**seum**. ↘ / I'll be the guide today. ↘ / On this tour, ↘ / we'll ex**plore** the **scien**tists, **e**vents, and tech**no**logy that have con**tribu**ted to human history. ↘ / If you have any questions about the ex**hi**bits, I can answer them along the way. ↘ /

Hamilton 과학 박물관 관람에 함께 해 주셔서 감사합니다. 저는 오늘 가이드를 맡았습니다. 이번 관람에서 우리는 인류 역사에 기여한 과학자들, 사건들, 그리고 기술들을 탐험할 예정입니다. 전시회에 대한 질문이 있으시면 제가 따라가며 답변해드릴 수 있습니다.

Q2 On tonight's world book podcast, ↘ /we'll be **in**tro**du**cing the re**nown**ed author, Catherine Teish. ↘ / Ms. Teish is known for her **no**vels, **e**ssays, and **sto**ries for kids. ↘ /Her latest work, ↘ / 'Over the Rainbow' has al**rea**dy re**cei**ved critical reviews. ↘ /After the interview, ↘ /Ms. Teish will answer questions sub**mi**tted by our listeners. ↘ /

오늘의 세계 도서 팟캐스트에서는 저명한 작가 Catherine Teish를 소개할 예정입니다. Teish 씨는 그녀가 쓴 소설, 에세이, 그리고 아이들을 위한 이야기를 저술한 것으로 잘 알려져 있습니다. Teish 씨의 최신작 'Over The Rainbow'는 이미 비평을 받아왔습니다. 인터뷰가 끝난 후 Teish 씨가 청취자가 주신 질문에 대해 답변할 예정입니다.

Q1-2

 This weekend, ↘ /we're ex**pec**ting **se**veral **thun**derstorms in the southern area. ↘ / We re**commend** you pre**pare** **water**proof boots, um**bre**llas, and **rain**coats if you must go **out** in the rain. ↘ / While things should clear **up** by Thursday morning, we're pre**dic**ting colder weather later in the week. ↘ / By weekend, ↘ / you may even need your winter jacket. ↘ /

이번 주말에는 남쪽 지역에 몇 차례의 뇌우가 예상됩니다. 외출 시 방수 부츠, 우산, 그리고 우비를 챙길 것을 권장합니다. 목요일 오전까지 날씨가 개면서 주중 후반에는 더 추워질 것으로 예상됩니다. 주말에는 겨울 외투도 챙겨야 할 것으로 보입니다.

 Looking for a **per**fect home? ↗ / City East **Apart**ments is the place for you. ↘ /Our **re**novated apartments have **spa**cious parking area, con**ve**nient fa**cil**ities for the re**sidents**, and **mo**dern kitchens. ↘ / **Addi**tionally, our facility features gym and an **in**door swimming pool. ↘ / If you are **in**terested in our apartments, ↘ / **re**gister a tour on our website. ↘ /

완벽한 집을 찾고 있나요? City East 아파트가 여러분들을 위한 집입니다. 새롭게 개조된 우리 아파트는 넓은 주차 공간, 입주민을 위한 편의시설, 그리고 세련된 주방을 갖추고 있습니다. 또한, 편의시설로는 헬스장과 실내 수영장도 갖추고 있습니다. 우리 아파트에 관심이 있다면 웹사이트에서 구경을 신청하세요.

Q 3-4
사진 묘사하기
Describe a picture

Q 3-4는 사진을 묘사하는 유형으로 두 문제가 출제됩니다. 사진이 제시되면 45초 동안 답변을 준비한 후 30초 동안 사진을 묘사하면 됩니다.

준비 시간에는 사진의 어떤 부분을 묘사할지 미리 생각하면서 간단히 메모해 두어도 됩니다.

사진을 구성하는 모든 요소를 묘사할 필요는 없지만 소수의 요소들만 묘사하더라도 인물의 인상 착의, 나이, 행동, 사물의 위치나 상태 등 사진을 구성하는 것에 대해 **다양한 표현과 문장 패턴으로 묘사해야 합니다.**

▶ 자가 진단 리스트

1 30초 내에 묘사하였는가?

YES □　NO □

2 장소, 인물의 특징, 인물의 행위, 배경을 모두 묘사
하였는가?

YES □　NO □

3 발음과 강세에 유의하여 묘사하였는가?

YES □　NO □

4 연결어를 사용하여 문장들을 매끄럽게 연결하였
는가?

YES □　NO □

INTRO

1 시험정보

문제 번호	준비 시간	답변 시간	평가 점수
Question 3-4	45초	30초	3점

평가 기준

- 발음, 강세, 억양 기반의 전달력
- 문법과 어휘
- 묘사 방법의 다양성과 적절한 표현 구사력
- 묘사 문장들의 응집성과 일관성

빈출 지문 유형

❶ 사무실 회의   ❷ 길거리, 공원   ❸ 상점, 마트
❹ 로비, 커피숍   ❺ 야외 시장   ❻ 주방

2 출제 경향

사무실 공간을 비롯한 실내와 야외의 다양한 장소들이 출제되며, 보통은 2명 이상의 인물과 묘사 가능한 여러가지 사물이나 풍경들이 어우러져 있는 사진이다. 인물이 전혀 없거나 동물 등이 위주인 비인물 중심의 사진은 거의 출제되지 않는다. 다만, 사진 속 국가와 인종은 다양하게 출제되는데 인물들의 행동, 상황 모두 일상에서 흔하게 볼 수 있는 광경으로 이에 대해 수험자들이 얼마나 다양한 표현과 문장력으로 응집성이 느껴지는 묘사가 가능한지 평가하기 위한 파트다.

TOEIC Speaking

Questions 3: Describe a picture

Directions:

In this part of the test, you will describe the picture on your screen in as much detail as you can.

You will have 45 seconds to prepare your response. Then you will have 30 seconds to speak about the picture.

안내문

45초의 준비 시간과 30초의 답변 시간이 주어진다는 안내 음성과 함께 같은 내용이 화면에 텍스트로 보여진다.

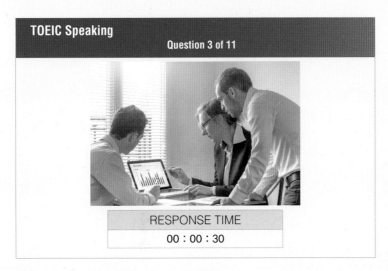

TOEIC Speaking
Question 3 of 11

PREPARATION TIME
00 : 00 : 45

준비 시간 45초

문제의 사진이 화면에 제시되고 "Begin preparing now"라는 음성이 나온다. 이어지는 'beep' 소리 이후 45초의 준비 시간이 주어진다.

TOEIC Speaking
Question 3 of 11

RESPONSE TIME
00 : 00 : 30

답변 시간 30초

준비 시간 종료 후, "Begin speaking now"라는 음성이 나온다. 이어지는 'beep' 소리 이후 30초의 답변 시간이 주어진다.

핵심만 한방에!

사진 묘사에서는 주어진 시간 내에 정확한 발음, 강세를 유지하며 사진을 구성하는 요소들을 얼만큼 다양한 방법으로 묘사하는지 여부에 따라 고득점이 결정된다. 이 부분만 충족시키면 쉽게 만점이 가능한 파트임으로 꼭 필요한 표현들만 효율적으로 학습하여 실전에서는 사전에 계획해둔 묘사 순서와 표현법을 반영하여 묘사할 수 있도록 답변 템플릿을 미리 준비해두자.

---

1 고득점 보장! 감점 제로 전략

감점으로 이어지는 바람직하지 않은 묘사

❶ 연결어를 쓰지 않고 끊어서 말하지 않는 부자연스러운 속사포 랩형 발화

제한 시간에 대한 부담감으로 문장과 문장을 매끄럽게 연결시키거나 적당히 끊어 말하지 못해 암기한 내용을 기계적으로 구사한다는 인상을 줄 수 있는 부적절한 발화 습관

예 This picture seems to be taken at a park. There are about four people in the picture. They all seem to be in a good mood. (X)

This picture seems to be taken at a park. (And) There are about four people in the picture. (Also) They all seem to be in a good mood. (O)

이 사진은 공원에서 찍힌 것 같습니다. (그리고) 사진에는 네 명 정도의 사람이 있습니다. (또한) 모든 사람들이 기분이 좋아 보입니다.

→ 문장들을 적절한 연결어로 이어주거나 문장과 문장 사이에 적당한 간격을 두고 묘사해야 한다.

❷ 동일한 표현과 유사 문장의 반복 사용

묘사에 사용하는 표현이나 패턴이 다채롭지 않고 비슷한 묘사를 반복하는 습관. 표현력이 부족하거나 충분한 훈련이 안 된 초보자들에게서 흔하게 나타나는 발화 특징

예 The lady on the left is good-looking. She is sitting on the grass. The man on the right is also good-looking. He is sitting at a table. (X)

The lady on the left is good-looking. She is sitting on the grass. The man on the right seems to be in a good mood. He is holding a book in his hand. (O)

왼쪽에 있는 여성은 용모가 단정합니다. 이 여성은 잔디 위에 앉아있습니다. 오른쪽에 있는 남성은 기분이 좋아 보입니다. 이 남성은 손에 책을 들고 있습니다.

→ 두 인물을 묘사할 때 사용한 표현 패턴이 거의 동일하면 어휘력과 상황 묘사력이 부족하다고 판단될 수 있으므로 되도록이면 다양한 표현을 사용하도록 한다.

고득점 답변 가이드

사진 묘사 순서 잡기

45초 준비시간을 이용해 묘사 순서와 대상의 특징을 미리 정해 두어야 한다.

* 묘사하는 인물의 수는 점수에 큰 영향이 없다. 인물의 수와 관계없이 다양한 세부 묘사를 하는 것이 중요하다.

❶ 전체 묘사	① 장소 묘사 ➡	② 인원 수 ➡	③ 인물들의 전체적 느낌
❷ 인물1 묘사	④ 인상 착의 ➡	⑤ 기타 특징 ➡	⑥ 행위 묘사
❸ 인물2 묘사	⑦ 인상 착의 ➡	⑧ 행위 묘사	
❹ 배경 / 분위기 묘사	⑨ 배경 묘사 ➡	⑩ 전체 분위기	

Note Taking 예시

❶ 전체 묘사	① office	② 5	③ having a meeting
❷ 인물1 묘사	④ dark grey jacket	⑤ pretty good-looking	⑥ standing / table
❸ 인물2 묘사	⑦ brown shirt	⑧ sitting / table	
❹ 배경 / 분위기 묘사	⑨ office supplies	⑩ cars / outside	

사진 묘사 만점 템플릿

❶ 전체 묘사

> **This picture seems to be taken** (+ 전치사 + 장소)　　이 사진은 ～에서 찍힌 것 같습니다
> **There are about** (+ 숫자) **people in the picture**　　사진에는 대략 ～명의 사람들이 있습니다

▸ 빈출 실내 장소

This picture seems to be taken at an office / at a lobby / at a store / at a coffee shop.
이 사진은 사무실 / 로비 / 상점 / 커피숍에서 찍힌 것 같습니다.

▸ 빈출 야외 장소

This picture seems to be taken at a park / at a parking lot / on the street / outdoors.
이 사진은 공원 / 주차장 / 길거리 / 야외에서 찍힌 것 같습니다.

▸ 인원 수

There are about seven / a lot of **people in the picture.**
사진에는 대략 7명 / 많은 사람들이 있습니다.

> **고득점 필수 표현**

seems to be　～인 것 처럼 보인다　　　　looks like　～처럼 보인다

❷ ❸ 인물 묘사 – 인상 착의와 기타 특징 묘사

> He/She[They] seems[seem] to (+ 특징 동사)　　그/그녀[그들]은 ～처럼 보입니다
> He/She[They] looks[look] like (+ 특징)　　그/그녀[그들]은 ～인 듯 합니다
> The lady/man wearing (+ 옷차림) is (+ 특징)　　～을 입은 여성/남성은 ～입니다.

▸ 빈출 인물들의 특징

They all seem to be in a good mood.　　　　　　모두 기분이 좋아 보입니다.
They all seem to be busy doing their own business.　모두 각자의 볼일을 보느라 바빠 보입니다.
They seem to know each other.　　　　　　　　서로 일면식이 있는 것처럼 보입니다.
She looks like she is in her late-30s.　　　　　이 여성은 30대 후반처럼 보입니다.
The lady wearing a white top is pretty good-looking.　흰색 상의를 입고있는 여성은 용모가 꽤 단정합니다.

> **고득점 필수 표현**

be in a good mood	기분이 좋다	their own business	각자의 용무
know each other	서로를 알다	in his/her late-30s	30대 후반의
pretty good-looking	꽤 용모가 단정한		

❷ ❸ 인물 묘사 – 행위 묘사

He/She[They] is[are] standing in front of	~의 앞에 서 있습니다
He/She[They] is[are] sitting on/at	~에 앉아 있습니다
He/She[They] is[are] (+ 동작 표현)	~하고 있습니다

▶ 빈출 인물들의 행위

He is standing in front of the table.	남성은 테이블 앞 쪽에 서 있습니다.
He is sitting at a table.	남성은 테이블 쪽에 앉아 있습니다.
She is looking at the items on the shelf.	여성은 선반 위의 물건들을 바라보고 있습니다.
She is having a conversation with the other lady.	여성은 다른 여성과 대화를 나누고 있습니다.
They seem to be having a meeting.	그들은 회의를 하는 것처럼 보입니다.
He is walking towards the gate.	남성은 문 쪽으로 걸어가고 있습니다.
He is walking on the sidewalk.	남성은 인도에서 걷고 있습니다.
He is holding a book in his hand.	남성은 손에 책을 들고 있습니다.

고득점 필수 표현

(be) looking at	바라보고 있다	(be) having a conversation	대화를 나누고 있다
(be) having a meeting	회의를 하고 있다	(be) walking towards	~쪽으로 걸어가고 있다
(be) holding something on his/her hand	손에 무언가를 들고(쥐고) 있다		

❹ 배경 묘사

I can see (+ 배경의 사람, 사물)	~가/이 보입니다
There is[are] (+ 배경의 사람, 사물)	~가/이 있습니다

▶ 빈출 배경/분위기

I can see some people passing by.	사람들이 지나다니는 것이 보입니다.
There are some tall trees along the street.	길을 따라 큰 나무들이 있습니다.
I can see some large buildings outside the window.	창 밖에 큰 건물들이 보입니다.
There is a picture hanging on the wall.	벽에 그림이 걸려 있습니다.
I can see a light on the ceiling.	천장에 전등이 보입니다.
There are various items on the shelves.	선반 위에 다양한 물건들이 있습니다.
I can't see anything special apart from the wall.	벽을 제외하고는 특별한 것이 보이지 않습니다.

고득점 필수 표현

passing by	지나가고 있는	along the street	길을 따라서
outside the window	창 밖에 있는	hanging on the wall	벽에 걸려있는
on the ceiling	천장에 있는	various items	다양한 물건들
various kitchen appliances	다양한 주방 용품들	apart from the wall	벽을 제외하고는

유형훈련

◄◄◄ 1 ▸▸▸ 잔디가 있는 공원 사진

STEP 1 묘사 대상과 순서 결정하기 ◀) P2_01

묘사 순서 brainstorming		
전체	장소	공원
	사람 수	3명
인물1	인상착의	노란색 셔츠
	특징	얼굴에 미소
	행위	공을 바라보고 있음
인물2	인상착의	초록색 티셔츠
	행위	공 앞에 서 있음
배경	배경	잔디, 나무

고득점 가이드 인물 수나 물건의 개수가 많은 경우 정확히 세기 위해 시간을 낭비하지 않고 대략적인 숫자로 묘사하여도 대세에 큰 영향이 없다. 관찰력 테스트가 아니기 때문에 숫자, 색상, 위치 등의 정확도 보다는 묘사 방법과 표현력에 주안점을 두고 평가한다.

STEP 2 모범 답변 학습하기 해설 P64

NOTE-TAKING 가이드		모범 답변
전체	park, three	This picture seems to be taken at a park. There are three children in the picture.
인물1	a yellow shirt, a smile on her face, looking/the ball	The little girl wearing a yellow shirt has a smile on her face. She is looking at the ball.
인물2	a green shirt, standing/the ball	Also, the little boy wearing a green shirt is standing near the ball.
배경	grass, a rock, trees	In the background, I can see some grass and a big rock There are a lot of trees as well.
분위기		So overall, it looks like a typical day at a park.

◄◄◄ 2 ►►► 길거리 사진

STEP 1 묘사 대상과 순서 결정하기 🔊 P2_02

묘사 순서 brainstorming		
전체	**장소**	길거리
	사람 수	많음
인물1	**인상착의**	흰색 셔츠
	특징	용모 단정
	행위	무언가를 보고 있음 / 오토바이 타고 있음
인물2	**인상착의**	연한 파란색 티셔츠
	행위	인도에서 걷고 있음 / 비닐 봉투 들고 있음
배경	**배경**	지나가는 차 / 큰 건물, 나무

고득점 가이드 답변 시 타이머를 지속적으로 확인하여 시간을 효율적으로 활용하도록 한다. 예를 들어 제한시간이 15초 남짓 남은 상태에서 인물을 1명 밖에 묘사하지 못했다면 더 이상 인물을 묘사하지 않고 배경과 분위기 등의 묘사로 넘어가서 앞 전에 묘사한 문장과 다른 패턴의 문장을 보여주는 것이 더 효과적이다.

STEP 2 모범 답변 학습하기 해설 P64

NOTE-TAKING 가이드		모범 답변
전체	street, a lot	This picture seems to be taken on the street. There are quite a lot of people in the picture.
인물1	a white shirt, good-looking, looking/sth, riding/motorcycle	The man wearing a white shirt. I think he is pretty good-looking. He is looking at something in front of him riding his motorcycle.
인물2	a light blue T-shirt, walking/sidewalk, holding/plastic bag	Also, the man wearing a light blue T-shirt. He is walking on the sidewalk holding a plastic bag in his hand.
배경	cars passing by, tall buildings, trees along the street	In the background, I can see some cars passing by. There are some tall buildings and trees along the street as well.
분위기		So overall, it looks like a busy day on the street.

* NOTE-TAKING시 축약어를 활용해보자.
  sb = somebody, sth = something

3 공항 사진

STEP 1 묘사 대상과 순서 결정하기 ◀)) P2_03

묘사 순서 brainstorming		
전체	장소	공항
	사람 수	4명
인물1	인상착의	검정색 자켓
	특징	얼굴에 미소
	행위	남성을 바라보고 있음
인물2	인상착의	파란색 자켓
	행위	가방을 들고 있음
배경	배경	화면, 유리 벽

고득점 가이드 다양한 묘사를 하기 위해 행동이나 인상착의가 비슷한 인물 두 명보다는 서로 다른 두 명을 선택하여 묘사하는 것이 좋다.

STEP 2 모범 답변 학습하기 해설 P64

NOTE-TAKING 가이드		모범 답변
전체	airport, four	This picture seems to be taken at an airport. There are four people in the picture.
인물1	a black jacket, a smile on her face, looking/the man	The lady wearing a black jacket has a smile on her face. She is looking at the man in front of her.
인물2	a blue jacket, holding/a bag	Also, the man wearing a blue jacket is holding a bag in his hand.
배경	screen, glass walls	In the background, I can see some lights on the ceiling. There are some glass walls as well.
분위기		So overall, it looks like a typical day at an airport.

‹‹‹ 4 ››› 사무실 회의 사진

STEP 1   묘사 대상과 순서 결정하기 ◁) P2_04

묘사 순서 brainstorming		
전체	장소	사무실
	사람 수	6명
인물1	인상착의	어두운 파란색 자켓
	특징	얼굴에 미소
	행위	테이블 쪽에 앉아있음 / 모니터를 보고 있음
인물2	인상착의	보라색 넥타이
	행위	테이블 근처에 서 있음 / 머그잔을 들고 있음
배경	배경	화이트보드 / 사무용품

고득점 가이드 Q 3~4의 평가 요소 중 하나인 응집성 있는 묘사를 충족하려면 문장들을 매끄럽게 이어주는 연결어(and, also, plus 등) 사용을 많이 하는 것이 좋다.

STEP 2   모범 답변 학습하기 해석 P65

NOTE-TAKING 가이드		모범 답변
전체	office, six, meeting	This picture seems to be taken at an office. There are about six people in the picture, and they all seem to be having a meeting.
인물1	a dark blue jacket, a smile on his face, sitting/table, looking/screen	The man wearing a dark blue jacket has a smile on his face. He is sitting at a table, looking at the screen.
인물2	a purple tie, standing/table, holding/mug	Also, the man wearing a purple tie. He is standing near the table, holding a mug in his hand.
배경	whiteboard on the wall, office supplies on the table	In the background, I can see a whiteboard on the wall. There are some office supplies on the table as well.
분위기		So overall, it looks like a busy day at an office.

◀◀◀ 5 ▶▶▶ 상점 사진

STEP 1 묘사 대상과 순서 결정하기 🔊 P2_04A

묘사 순서 brainstorming		
전체	장소	상점
	사람 수	2명
인물1	인상착의	파란색 자켓
	특징	용모 단정
	행위	휴대전화를 보고 있음 / 쇼핑 카트를 밀고 있음
인물2	인상착의	털 모자
	행위	선반 쪽으로 걷고 있음
배경	배경	전등 / 다양한 물건

고득점 가이드 문장과 문장 사이에 적당한 텀을 유지하며 시간에 쫓긴다는 인상을 주지 않도록 한다. 생각이 필요한 부분엔 um…what else? 같은 표지어를 차분하게 넣어서 어색한 침묵을 최소화하는 편이 좋다.

STEP 2 모범 답변 학습하기 해석 P65

	NOTE-TAKING 가이드	모범 답변
전체	grocery store, two, groceries	This picture seems to be taken at a grocery store. There are two people in the picture, and they seem to be getting groceries.
인물1	a blue jacket, good-looking, looking/phone, pushing/shopping cart	The man wearing a blue jacket. I think he is pretty good-looking. He is looking at his phone, pushing a shopping cart.
인물2	a woolly hat, walking/shelf	Also, the man wearing a woolly hat. He is walking towards the shelf.
배경	lights on the ceiling, various items on the shelves	In the background, I can see some lights on the ceiling. There are various items on the shelves as well.
분위기		So overall, it looks like a typical day at a grocery store.

계단이 있는 야외 사진

묘사 대상과 순서 결정하기 ◀») P2_04B

묘사 순서 brainstorming		
전체	장소	야외
	사람 수	6명
인물1	인상착의	노란색 원피스
	특징	기분 좋아 보임
	행위	가방 메고 있음 / 계단 오르고 있음
인물2	인상착의	주황색 원피스
	행위	무언가를 바라보고 있음
배경	배경	큰 건물, 나무 / 그 외 특별한 것 없음

고득점 가이드 사진에서 영어 명칭을 정확히 모르는 단어는 괜한 도전 의식으로 언급하지 않도록 한다.
확신이 있는 단어 중심으로만 묘사하여도 충분히 시간 내에 많은 것을 묘사할 수 있다.

STEP 2 모범 답변 학습하기 해설 P65

NOTE-TAKING 가이드		모범 답변
전체	outdoors, six	This picture seems to be taken outdoors. There are about six people in the picture.
인물1	a yellow dress, good mood, carrying/bag, walking up/stairs	The lady wearing a yellow dress and she seems to be in a good mood. She is carrying a bag on her shoulder walking up the stairs.
인물2	an orange dress, looking/sth	Also, the lady wearing an orange dress. She is looking at something in front of her.
배경	a large building, tall trees, x anything special	In the background, I can see a large building and some tall trees. Other than that, I cannot see anything special.
분위기		So overall, it looks like a sunny day outdoors.

TOEIC Speaking

Question 3: Describe a picture

Directions:

In this part of the test, you will describe the picture on your screen in as much detail as you can. You will have 45 seconds to prepare your response. Then you will have 30 seconds to speak about the picture.

TOEIC Speaking   Question 3 of 11

PREPARATION TIME	RESPONSE TIME
00 : 00 : 45	00 : 00 : 30

TOEIC Speaking

Question 4: Describe a picture

Directions:

In this part of the test, you will describe the picture on your screen in as much detail as you can. You will have 45 seconds to prepare your response. Then you will have 30 seconds to speak about the picture.

TOEIC Speaking	Question 4 of 11

PREPARATION TIME	RESPONSE TIME
00 : 00 : 45	00 : 00 : 30

TEST

◀)) P2_07 모범답변 P68

TOEIC Speaking

Question 3: Describe a picture

Directions:

In this part of the test, you will describe the picture on your screen in as much detail as you can. You will have 45 seconds to prepare your response. Then you will have 30 seconds to speak about the picture.

TOEIC Speaking   **Question 3 of 11**

PREPARATION TIME	RESPONSE TIME
00 : 00 : 45	00 : 00 : 30

TOEIC Speaking

Question 4: Describe a picture

Directions:

In this part of the test, you will describe the picture on your screen in as much detail as you can. You will have 45 seconds to prepare your response. Then you will have 30 seconds to speak about the picture.

TOEIC Speaking   **Question 4 of 11**

PREPARATION TIME	RESPONSE TIME
00 : 00 : 45	00 : 00 : 30

TEST

◁⁾ P2_09 모범답변 P70

TOEIC Speaking

Question 5: Describe a picture

Directions:

In this part of the test, you will describe the picture on your screen in as much detail as you can. You will have 45 seconds to prepare your response. Then you will have 30 seconds to speak about the picture.

TOEIC Speaking   **Question 3 of 11**

PREPARATION TIME	RESPONSE TIME
00 : 00 : 45	00 : 00 : 30

◀)) P2_10 모범답변 P71

TOEIC Speaking

Question 6: Describe a picture

Directions:

In this part of the test, you will describe the picture on your screen in as much detail as you can. You will have 45 seconds to prepare your response. Then you will have 30 seconds to speak about the picture.

| TOEIC Speaking | Question 4 of 11 |

PREPARATION TIME	RESPONSE TIME
00 : 00 : 45	00 : 00 : 30

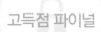

고득점 파이널 # TEST

TOEIC Speaking

Question 7: Describe a picture

Directions:

In this part of the test, you will describe the picture on your screen in as much detail as you can. You will have 45 seconds to prepare your response. Then you will have 30 seconds to speak about the picture.

TOEIC Speaking	Question 3 of 11

PREPARATION TIME	RESPONSE TIME
00 : 00 : 45	00 : 00 : 30

Note

‹‹‹ **1** ››› 잔디가 있는 공원 사진

This picture seems to be taken at a park. There are three children in the picture.

The little girl wearing a yellow shirt has a smile on her face. She is looking at the ball.

Also, the little boy wearing a green shirt is standing near the ball.

In the background, I can see some grass and a big rock. There are a lot of trees as well.

So overall, it looks like a typical day at a park.

이 사진은 공원에서 찍힌 것처럼 보입니다. 사진에는 세 명의 어린이들이 있습니다.

노란색 셔츠를 입고 있는 여자 아이는 얼굴에 미소를 띠고 있습니다. 이 여자 아이는 공을 바라보고 있습니다.

그리고 초록색 셔츠를 입은 남자 아이는 공 근처에 서 있습니다.

배경에는 잔디와 큰 바위가 보입니다. 나무들도 많이 있습니다.

그래서 전반적으로 보았을 때, 공원에서 흔히 볼 수 있는 일상처럼 보입니다.

‹‹‹ **2** ››› 길거리 사진

This picture seems to be taken on the street. There are quite a lot of people in the picture.

The man wearing a white shirt looks like he is in his late-30s. I think he is pretty good-looking. He is looking at something in front of him riding his motorcycle.

Also, the man wearing a light blue T-shirt has dark brown hair. He is walking on the sidewalk holding a plastic bag in his hand.

In the background, I can see some cars passing by. There are some tall buildings and trees along the street as well.

So overall, it looks like a busy day on the street.

이 사진은 길거리에서 찍힌 것처럼 보입니다. 사진에는 제법 많은 사람들이 있습니다.

흰색 셔츠를 입은 남성은 30대 후반으로 보입니다. 제 생각에 이 남성은 용모가 단정한 것 같습니다. 이 남성은 앞에 있는 무언가를 보면서 오토바이를 타고 있습니다.

그리고, 연한 파란색 티셔츠를 입은 남성은 어두운 갈색 머리를 갖고 있습니다. 이 남성은 인도를 걷고 있으며 손에 비닐 봉투를 들고 있습니다.

배경에는 지나다니는 차들이 보입니다. 길을 따라 큰 건물들과 나무들도 있습니다.

그래서 전반적으로 보았을 때, 길거리에서의 바쁜 일상처럼 보입니다.

‹‹‹ **3** ››› 공항 사진

This picture seems to be taken at an airport. There are four people in the picture.

The lady wearing a black jacket has a smile on her face. She is looking at the man in front of her.

Also, the man wearing a blue jacket is holding a bag in his hand.

In the background, I can see some lights on the ceiling. There are some glass walls as well.

So overall, it looks like a typical day at an airport.

이 사진은 공항에서 찍힌 것처럼 보입니다. 사진에는 네 명의 사람들이 있습니다.

검은색 자켓을 입고 있는 여성은 얼굴에 미소를 띠고 있습니다. 이 여성은 앞에 있는 남성을 바라보고 있습니다.

그리고 파란색 자켓을 입고 있는 남성은 손에 가방을 들고 있습니다.

배경에는 천장에 붙어있는 전등들이 보입니다. 유리 벽도 있습니다.

그래서 전반적으로 보았을 때, 공항에서 흔히 볼 수 있는 일상처럼 보입니다.

사무실 회의 사진

This picture seems to be taken at an office. There are about six people in the picture, and they all seem to be having a meeting.

The man wearing a dark blue jacket has a smile on his face. He looks like he is in his late-40s. He is sitting at a table, looking at the screen.

Also, the man wearing a purple tie seems to be in a good mood. He is standing near the table, holding a mug in his hand.

In the background, I can see a whiteboard on the wall. There are some office supplies on the table as well.

So overall, it looks like a busy day at an office.

이 사진은 사무실에서 찍힌 것처럼 보입니다. 사진에는 6명 정도의 사람들이 있고 모두들 회의를 하고 있는 것으로 보입니다.

어두운 파란색 자켓을 입은 남성은 얼굴에 미소를 띠고 있습니다. 이 남성은 40대 후반처럼 보입니다. 이 남성은 테이블에 앉아서 모니터 화면을 보고 있습니다.

그리고, 보라색 넥타이를 하고 있는 남성은 기분이 좋아 보입니다. 이 남성은 테이블 가까이에 서 있으며 손에 머그잔을 들고 있습니다.

배경에는 벽에 걸려있는 화이트보드가 보입니다. 테이블 위에는 사무용품도 있습니다.

그래서 전반적으로 보았을 때, 사무실에서의 바쁜 일상처럼 보입니다.

◀◀◀ **5** ▶▶▶ ## 상점 사진

This picture seems to be taken at a grocery store. There are two people in the picture, and they seem to be getting groceries.

The man wearing a blue jacket has a smile on his face. I think he is pretty good-looking. He is looking at his phone pushing a shopping cart.

Also, the man wearing a woolly hat looks like he is in his late-30s. He is walking towards the shelf.

In the background, I can see some lights on the ceiling. There are various items on the shelves as well.

So overall, it looks like a typical day at a grocery store.

이 사진은 상점에서 찍힌 것처럼 보입니다. 사진에는 2명의 사람들이 있고 그들은 장을 보고 있는 것으로 보입니다.

파란색 자켓을 입은 남성은 얼굴에 미소를 띠고 있습니다. 제 생각에 이 남성은 용모가 단정한 것 같습니다. 이 남성은 휴대전화를 보면서 쇼핑카트를 밀고 있습니다.

그리고, 털모자를 쓰고 있는 남성은 30대 후반으로 보입니다. 이 남성은 선반 쪽을 향해 걸어가고 있습니다.

배경에는 천장에 있는 전등이 보입니다. 선반 위에 다양한 물건들도 있습니다.

그래서 전반적으로 보았을 때, 상점에서의 흔히 볼 수 있는 일상처럼 보입니다.

◀◀◀ **6** ▶▶▶ ## 계단이 있는 야외 사진

This picture seems to be taken outdoors. There are about six people in the picture.

The lady wearing a yellow dress is pretty good-looking, and she seems to be in a good mood. She is carrying a bag on her shoulder walking up the stairs.

Also, the lady wearing an orange dress looks like she is in her mid-30s. She is looking at something in front of her.

In the background, I can see a large building and some tall trees. Other than that, I cannot see anything special.

So overall, it looks like a sunny day outdoors.

이 사진은 야외에서 찍힌 것처럼 보입니다. 사진에는 6명 정도의 사람들이 있습니다.

노란색 원피스를 입은 여성은 용모가 단정한 것 같습니다. 그리고 이 여성은 기분이 좋아 보입니다.

그리고 주황색 원피스를 입은 여성은 30대 중반처럼 보입니다. 이 여성은 앞에 있는 무언가를 바라보고 있습니다.

배경에는 큰 건물과 나무들이 보입니다. 그 외에 특별히 보이는 것은 없습니다.

그래서 전반적으로 보았을 때, 야외에서의 화창한 하루처럼 보입니다.

🔒 고득점 파이널 TEST

◀◀◀ **SET 01** ▶▶▶ 🔊 P2_05

묘사 순서 brainstorming		
전체	장소	길거리
	사람 수	많음
인물1	인상착의	흰색 가디건
	특징	30대 중반
	행위	인도에서 걷고 있음
인물2	인상착의	파란색 셔츠
	특징	기분이 좋아 보임
	행위	테이블에 앉아 있음 / 앞 쪽의 여성 보고 있음
배경	배경	지나가는 사람들 / 건물, 가로등

	NOTE-TAKING 가이드	모범 답변
전체	street, a lot	**This picture seems to be taken** on the street. 이 사진은 길거리에서 찍힌 것처럼 보입니다. **There are quite** a lot of **people in the picture.** 사진에는 제법 많은 사람들이 있습니다.
인물1	white cardigan, mid-30s, walking / sidewalk	**The lady wearing** a white cardigan is pretty **good-looking,** 흰색 가디건을 입은 여성은 용모가 단정하고, **and she looks like she is in her** mid-30s. 이 여성은 30대 중반처럼 보입니다. **She is** walking on the sidewalk. 그녀는 인도를 걷고 있습니다.
인물2	blue shirt, good mood, sitting / table, looking / lady	**Also, the man wearing** a blue shirt **seems to be** in a good mood. 그리고 파란색 셔츠를 입은 남성은 기분이 좋아 보입니다. **He is** sitting at a table looking at the lady **in front of him.** 이 남성은 테이블에 앉아서 앞에 있는 여성을 바라보고 있습니다.
배경	people passing by, buildings, streetlights	**In the background, I can see** some people passing by. 배경에는 지나가는 사람들이 보입니다. **There are some** buildings **and** streetlights along the street as well. 길을 따라 건물들과 가로등도 있습니다.
분위기		**So overall, it looks like** a busy day **on the street.** 그래서 전반적으로 보았을 때, 길거리에서의 바쁜 일상처럼 보입니다.

	묘사 순서 brainstorming	
전체	장소	옷 가게
	사람 수	2명
인물1	인상착의	파란색 셔츠
	특징	미소, 20대 중반
	행위	카드 단말기를 들고 있음
인물2	인상착의	분홍색 셔츠
	특징	기분이 좋아 보임
	행위	휴대전화를 보고 있음, 계산 중
배경	배경	옷, 특별한 것 없음

	NOTE-TAKING 가이드	모범 답변
전체	clothing store, two, know each other	**This picture seems to be taken at** a clothing store. 이 사진은 옷 가게에서 찍힌 것처럼 보입니다. **There are** two **people in the picture, and they seem to** know each other. 사진에는 두 명의 사람이 있고, 이 두 사람은 서로 일면식이 있어 보입니다.
인물1	a blue shirt, smile, mid-20s, holding / card reader	**The lady wearing** a blue shirt **has a** smile **on her face,** 파란색 셔츠를 입은 여성은 얼굴에 미소를 띠고 있고, **and she looks like she is in her** mid-20s. 이 여성은 20대 중반처럼 보입니다. **She is** holding a card reader **in her hand.** 이 여성은 손에 카드 단말기를 들고 있습니다.
인물2	a pink shirt, good mood, looking / phone, paying	**Also, the lady wearing** a pink shirt **seems to be** in a good mood. 그리고 분홍색 셔츠를 입은 여성은 기분이 좋아 보입니다. **She is** looking at her phone **in her hand,** 이 여성은 손에 휴대전화를 보고 있고, **and I think she is** paying for something **with her phone.** 제 생각엔 휴대전화로 결제를 하는 중인 것 같습니다.
배경	clothes, x anything special	**In the background, I can see** some clothes hanging on the rack. 배경에는 거치대에 걸려있는 옷들이 보입니다. **Other than that, I cannot see anything special.** 그 외에 특별히 보이는 것은 없습니다.
분위기		**So overall, it looks like** a typical **day at** a clothing store. 그래서 전반적으로 보았을 때, 옷 가게에서 흔히 볼 수 있는 일상처럼 보입니다.

묘사 순서 brainstorming		
전체	장소	길거리
	사람 수	많음
인물1	인상착의	회색 셔츠
	특징	용모 단정, 50대 후반
	행위	마이크 앞에 서 있음
인물2	인상착의	흰색 모자
	특징	기분이 좋아 보임
	행위	악기를 들고 있음, 옆의 남성 보고 있음
배경	배경	사람과 차 지나다님, 큰 건물

	NOTE-TAKING 가이드	모범 답변
전체	street, a lot, having / street performance	**This picture seems to be taken** on the street. 이 사진은 길거리에서 찍힌 것처럼 보입니다. **There are quite** a lot of people in the picture. 사진에는 제법 많은 사람들이 있습니다.
인물1	a grey shirt, good-looking, mid-50s, standing / mic stand	**The man wearing** a grey shirt **is pretty** good-looking, 회색 셔츠를 입은 남성은 용모가 단정하고, **and he looks like he is in his** late-50s. 50대 후반처럼 보입니다. **He is standing in front of a** mic stand. 이 남성은 마이크 스탠드 앞에 서 있습니다.
인물2	a white hat, good mood, holding / musical instrument, looking / man	**Also, the man wearing** a white hat **seems to be** in a good mood. 그리고 흰색 모자를 쓴 남성은 기분이 좋아 보입니다. **He is holding** a musical instrument **in his hand** 이 남성은 손에 악기를 들고 있으며 looking at the old man **beside him.** 옆에 있는 나이든 남성을 바라보고 있습니다.
배경	people, cars passing by, tall buildings	**In the background, I can see** some people and a car passing by. 배경에는 지나가는 사람들과 차들이 보입니다. **There are** some tall buildings **as well.** 큰 건물들도 있습니다.
분위기		**So overall, it looks like** a typical day on the street. 그래서 전반적으로 보았을 때, 길거리에서 흔히 볼 수 있는 일상처럼 보입니다.

	묘사 순서 brainstorming		
전체	장소	길거리	
	사람 수	3명	
인물1	인상착의	흰색 모자	
	특징	용모 단정, 30대 중반	
	행위	트렁크에 짐 싣고 있음	
인물2	인상착의	갈색 자켓	
	특징	연한 회색 머리	
	행위	트렁크 옆에 서 있음, 무언가를 보고 있음	
배경	배경	나무, 건물, 특별한 것 없음	

	NOTE-TAKING 가이드	모범 답변
전체	street, three, know each other	**This picture seems to be taken** on the street. 이 사진은 길거리에서 찍힌 것처럼 보입니다. **There are** three **people in the picture.** 사진에는 세 명의 사람이 있습니다.
인물1	a white cap, good-looking, mid-30s, loading / trunk	**The man wearing** a white cap **is pretty** good-looking, 흰색 모자를 쓴 남성은 용모가 단정하고, **and he looks like he is in his** mid-30s. 이 남성은 30대 중반처럼 보입니다. **He is** loading something in the car trunk. 이 남성은 차 트렁크에 무언가를 싣고 있습니다.
인물2	a brown jacket, light grey, standing / trunk, looking / sth	**Also, the old man wearing** a brown jacket **has** light grey hair. 그리고 갈색 자켓을 입은 노년의 남성은 연한 회색 머리를 갖고 있습니다. **He is** standing beside the car trunk 이 남성은 카 트렁크 옆에 서서 looking at something **in front of him.** 앞에 있는 무언가를 바라보고 있습니다.
배경	trees, a building, x anything special	**In the background, I can see** some trees **and** a large building. 배경에는 나무들과 큰 건물이 보입니다. **Other than that, I cannot see anything special.** 그 외에 특별히 보이는 것은 없습니다.
분위기		**So overall, it looks like** a typical day **on the street.** 그래서 전반적으로 보았을 때, 길거리에서 흔히 볼 수 있는 일상처럼 보입니다.

Q 3-4

묘사 순서 brainstorming		
전체	장소	공원
	사람 수	2명
인물1	인상착의	하늘색 셔츠
	특징	얼굴에 미소
	행위	앞쪽을 보고 있음
인물2	인상착의	파란색 셔츠
	행위	자전거 타고 있음
배경	배경	큰 나무, 수풀

NOTE-TAKING 가이드		모범 답변
전체	park, two	**This picture seems to be taken** at a park. 이 사진은 공원에서 찍힌 것처럼 보입니다. **There are** two **people in the picture.** 사진에는 두 명의 사람이 있습니다.
인물1	a sky blue T-shirt, a smile on her face, looking at something	**The lady wearing** a sky blue T-shirt **has a** smile on her face. 하늘색 티셔츠를 입은 여성은 얼굴에 미소를 띠고 있습니다. **She is** looking at something **in front of her.** 이 여성은 앞쪽의 무언가를 바라보고 있습니다.
인물2	a blue shirt, riding a bike	**Also, the man wearing** a blue shirt **is riding a bike.** 그리고, 파란색 티셔츠를 입은 남성은 자전거를 타고 있습니다.
배경	a tall tree, bushes	**In the background, I can see** a tall tree **and** bushes. 배경에는 큰 나무와 수풀이 보입니다.
분위기		**So overall, it looks like** a sunny day **at a park.** 그래서 전반적으로 보았을 때, 공원에서의 화창한 날처럼 보입니다.

Q 3-4

묘사 순서 brainstorming		
전체	장소	휴게실
	사람 수	4명
인물1	인상착의	파란색 셔츠, 안경
	특징	얼굴에 미소
	행위	남자를 보고 있음
인물2	인상착의	검은색 자켓
	행위	와인잔을 들고 있음
배경	배경	선반 위에 물건, 스탠드 조명

	NOTE-TAKING 가이드	모범 답변
전체	lounge, four	**This picture seems to be taken** at a lounge. 이 사진은 휴게실에서 찍힌 것처럼 보입니다. **There are** four **people in the picture.** 사진에는 네 명의 사람이 있습니다.
인물1	a blue shirt, glasses, a smile on her face, looking at the man	**The lady wearing** glasses **and** a blue shirt **has a** smile on her face. 안경과 파란색 셔츠를 착용하고 있는 여성은 얼굴에 미소를 띠고 있습니다. **She is** looking at the man **in front of her.** 이 여성은 앞에 있는 남성을 바라보고 있습니다.
인물2	a black jacket, holding a wine glass	**Also, the man wearing** a black jacket **is** holding a wine glass in his hand. 그리고, 검은색 자켓을 입은 남성은 손에 와인잔을 들고 있습니다.
배경	things on the shelves, a light stand	**In the background, I can see** some things on the shelves, 배경에는 선반 위에 몇 가지 물건들이 보입니다. **and I can also see** a light stand. 그리고 스탠드 조명도 보입니다.
분위기		**So overall, it looks like** a typical **day** at a lounge. 그래서 전반적으로 보았을 때, 휴게실에서 흔하게 볼 수 있는 일상처럼 보입니다.

묘사 순서 brainstorming		
전체	장소	집 마당
	사람 수	3명
인물1	인상착의	회색 셔츠
	특징	60대 중반
	행위	웅크리고 앉아 있음
인물2	인상착의	민소매 셔츠
	행위	음식을 쥐고 있음
배경	배경	울타리, 들판

	NOTE-TAKING 가이드	모범 답변
전체	backyard, three	**This picture seems to be taken** at a backyard. 이 사진은 마당에서 찍힌 것처럼 보입니다. **There are** three **people in the picture.** 사진에는 3명의 사람들이 있습니다.
인물1	a grey shirt, mid-60s, crouching, the outdoor fireplace	**The man wearing** a grey shirt **looks like he is in his** mid-60s. 회색 셔츠를 입은 남성은 60대 중반처럼 보입니다. **He is** crouching **in front of** the outdoor fireplace. 이 남성은 야외 화로 앞에 웅크리고 앉아 있습니다.
인물2	a sleeveless shirt, holding some food	**Also, the lady wearing** a sleeveless shirt **is** holding some food **in her hands.** 그리고, 민소매 셔츠를 입은 여성은 양손에 음식을 쥐고 있습니다.
배경	wooden fence, field	**In the background, I can see** a wooden fence **and** a field. 배경에는 나무로 된 울타리와 들판이 보입니다.
분위기		**So overall, it looks like** a sunny **day at a backyard.** 그래서 전반적으로 보았을 때, 집 마당에서의 화창한 날처럼 보입니다.

Note

Q 5-7
질문에 대답하기
Respond to questions

Q 5-7은 특정 주제에 관한 연속되는 세 개의 질문에 답변하는 파트입니다.

주로 수험자 본인의 선호도나 경험 혹은 일반 사람들의 성향에 대한 질문들이며, 각 질문의 요지에 맞는 답변을 해야 합니다. 비교적 짧은 제한시간 내에 이해 가능한 발음, 강세 그리고 문법에 맞도록 답변을 전달해야 합니다.

각 질문이 음성과 지문으로 제시된 후 3초씩 준비 시간이 주어지며 그 이후에 5, 6번은 15초, 7번은 30초의 응답 시간이 주어집니다.

▶ 자가 진단 리스트

1 각 문항의 제한시간 내에 모든 질문에 답변을 하였
는가?

YES ☐ NO ☐

2 각 질문의 요지에 맞는 정확한 답변을 하였는가?

YES ☐ NO ☐

3 발음과 강세에 유의하여 답변하였는가?

YES ☐ NO ☐

4 답변들끼리 대립되는 내용은 없는가?

YES ☐ NO ☐

INTRO

1 시험정보

문제 번호	준비 시간	답변 시간	평가 점수
Question 5-7 (연계 3문항)	문항당 3초씩	Q5 : 15초 Q6 : 15초 Q7 : 30초	문항당 0 ~ 3점

평가 기준
• 발음, 강세, 억양 기반의 전달력　• 각 질문들에 부합하는 답변 여부 • 문법, 어휘 선택, 문장 완성도　• 세 문항에 대한 답변의 일관성

빈출 지문 유형
❶ 활동 빈도　❷ 최근 활동 시점　❸ 선호도 ❹ 보기 중 선택　❺ 추천 요청

2 출제 경향

여가활동, 직장 및 학교생활, 동네 시설 등의 다양한 생활 밀착형 주제들에 대해 수험자의 성향, 경험, 견해를 왜 그렇게 생각하는지 이유와 함께 물어본다. 단답형 질문인 5번과 6번은 한 문항 당 두 가지의 전혀 다른 질문을 하는 경우가 많으며 7번은 한 가지 질문에 대해 비교적 상세히 설명할 것을 요구한다. 주제는 다양하게 출제되지만 문제은행식으로 고정된 질문 유형이 출제되는 경우도 상당 수 있으니 이런 문제들 만큼은 사전에 답변 템플릿을 준비하여 빠르게 답변이 가능하도록 해야한다.

TOEIC Speaking

Questions 5-7: Respond to questions

Directions:

In this part of the test, you will answer three questions. You will have three seconds to prepare after you hear each question. You will have 15 seconds to respond to Questions 5 and 6 and 30 seconds to respond to Question 7.

안내문

답변 준비 시간은 각 문항에 대해 3초가 주어지고 답변 시간은 5~6번에 15초, 7번에 30초가 주어진다는 안내 음성과 함께 같은 내용이 화면에 텍스트로 보여진다.

TOEIC Speaking

Question 5/6/7 of 11

Imagine that you are having a conversation with your neighbor about coffee shops.

How often do you go to a coffee shop?

PREPARATION TIME
00 : 00 : 03/03/03

준비 시간 3초/3초/3초

특정 주제에 관하여 설문조사 참여나 지인과 통화 중이라는 설정을 알리는 내용이 음성과 함께 제시된다. 이후 5, 6, 7번 문제가 차례대로 화면에 나타난다. 각 문제가 제시된 직후 "Begin preparing now"라는 음성에 이어 "beep" 소리가 나오고 이후 3초씩의 준비 시간이 주어진다.

TOEIC Speaking

Question 5/6/7 of 11

Imagine that you are having a conversation with your neighbor about coffee shops.

When was the last time you went to a coffee shop?
Who did you go with?

RESPONSE TIME
00 : 00 : 15/15/30

답변 시간 15초/15초/30초

준비 시간 종료 후, "Begin speaking now."라는 음성이 나온다. 이어지는 "beep" 소리 이후 문항 별로 정해진 답변 시간이 주어진다.

고득점 공략법

Q 5-7

 핵심만 한방에!

Q 5-7에 답변 준비 시간이 새롭게 도입되었지만 그 시간이 매우 짧아 여전히 질문을 듣자 마자 답변해야 하는 것과 마찬가지다. 따라서 빠른 답변이 가능하도록 빈출 질문의 주제와 유형별로 만능 답변 템플릿을 미리 준비해 두어야 한다. 영어 실력이 좋다고 해도 순발력만으로는 Q 5-7에 대응하기가 쉽지 않다. 상위 레벨을 목표로 할수록 다양한 문제 유형을 미리 분석하여 대비해야 한다.

또한, 단답형 질문인 만큼 화려한 미사어구를 사용하기보다 각 질문의 요지에 부합하는 짧고 정확한 답변을 하고 이를 통해 어법 실수를 줄이는 것이 고득점의 지름길이다.

1 고득점 보장! 감점 제로 전략

❶ 화면에 보이는 질문의 내용(text)을 그대로 인용하여 답변한다.

Q 5-7의 모든 질문은 음성과 text가 함께 제시되므로 가능한 경우 질문 text의 일부를 인용하여 답변하는 것이 좋다. 답변의 문법 또는 어법 오류를 최소화하고 답변 시간도 단축하기 위한 전략이다.

  Q Which of the following do you think is the most important factor when choosing a shopping center to go shopping? And why?

아래의 보기 중 쇼핑센터를 선택하는 데 있어서 가장 중요한 요소는 무엇이라 생각하나요? 왜 그런가요?

- location   - business hours   - number of products
  위치   영업 시간   상품의 다양성

A I think the location is the most important factor when choosing a shopping center. That's because _____.

저는 쇼핑센터를 선택하는데 있어 가장 중요한 요소는 위치라고 생각합니다. 왜냐하면 _____.

❷ 포괄적인 답변을 먼저 하면서 상세한 설명에 대해 생각할 시간을 번다.

질문에 대해 구체적인 답변이 즉시 떠오르지 않으면 포괄적이고 유연한 표현을 사용해 먼저 답변을 한다. 이렇게 하면 발화량을 늘리는 동시에 상세한 예시나 이유에 대해 생각할 수 있는 시간을 조금이라도 벌 수 있는 일석이조의 효과가 있다.

  Q What kinds of activities would you like to do when you go to parks?

공원에 가면 어떤 종류의 활동을 하고 싶나요?

▶ 다양한 것들이 있을 수 있다는 포괄적 의미의 답변을 먼저 한 후에 구체적인 예를 제시한다.

A I would like to do various types of activities when I go to parks.
Uhm... among them, I want to ride bikes the most.

저는 공원에 가면 다양한 종류의 활동들을 하고 싶습니다. 음… 그 중에서도 자전거를 가장 타고 싶습니다.

▶ 상황에 따라 다르다는 포괄적 의미의 답변을 먼저 한 후에 각 상황에 대한 상세한 설명을 덧붙인다.

A' Well, I think it depends on the weather of that day.
If the weather is nice, I would like to play sports at the park.
If not, I would just take walks at the park.

글쎄요, 제 생각에는 그 날의 날씨에 따라 다를 것 같습니다. 만약에 날씨가 좋으면, 공원에서 스포츠를 할 것 같습니다. 그게 아니라면, 그냥 산책을 할 것 같습니다.

❸ 질문에서 요구하는 시제와 대상을 정확히 인지하고 답변한다.

질문의 시제와 대상을 놓치는 것은 영어 실력을 불문하고 수험자들이 흔하게 범하는 오류이다. 질문과 상관없이 본인이 원하는 시제로 답변하거나 질문의 대상자를 무시하고 언제나 본인 이야기로 답변하는 경우가 다반사이다. text로 제시되는 질문을 꼼꼼하게 읽는 것이 이러한 오류를 줄이기 위한 기본적인 주의 사항이다.

예 지난 경험에 대한 질문(went, did last)

Q When was the last time you went to someone's birthday party?
How long did the party last?

가장 최근에 누군가의 생일파티에 갔던 것은 언제인가요? 파티 시간은 얼마나 지속되었나요?

A The last time I went to someone's birthday party was a couple of weeks ago.
The party lasted for about two hours.

제가 가장 최근에 누군가의 생일파티에 갔던 것은 몇 주 전이었습니다. 파티는 두 시간가량 지속되었습니다.

→ 질문에서 요구했던 시제(was, lasted)와 대상에 일치하는 답변이다.

예 수험자 본인이 아닌 '주변 사람들(people)'에 대한 질문

Q Do people in your area have pets?

당신의 동네 사람들은 반려동물을 키우나요?

A I think a lot of people in my area have pets.

제 생각엔 많은 동네 사람들이 반려동물을 키우는 것 같습니다.

→ 질문에서 요구했던 시제와 대상(people)에 일치하는 답변이다.

활동 빈도   How often

How often do you check the weather report? 얼마나 자주 일기 예보를 확인하나요?

I check the weather report + at least once a day on average.

저는 일기 예보를 확인합니다.   평균적으로 최소 하루에 한 번

+ whenever I need to. 필요할 때 마다

최근 활동 시점   When was the last time

When was the last time you took a bus? 가장 최근 버스를 탄 것은 언제 입니까?

The last time I took a bus was + a couple of days ago.

가장 최근에 버스를 탔던 것은   며칠 전이었습니다.

+ a few weeks ago. 몇 주 전이었습니다.

거리   How far

How far is the nearest bakery from your home? 집에서 가장 가까운 빵집은 얼마나 멀리 있나요?

The nearest bakery is about ten minutes' walk from my home.

집에서 가장 가까운 빵집은 걸어서 10분 거리에 있습니다.

It takes about half an hour to get to the nearest bakery on foot.

가장 가까이 있는 빵집은 걸어서 30분 정도 걸립니다.

지속 기간   How long

How long have you lived in your current home? 현재 살고 있는 집에서 얼마나 살아왔나요?

I have lived in my current home + for a couple of years.

저는 현재 살고 있는 집에서 (기간) 살아왔습니다.   몇 년간

+ for about two and a half years. 2년 반 동안

도움받을 의향   Would you ever

Would you ever read online reviews before you purchase something?

무언가를 구매하기 전에 온라인 후기를 읽을 의향이 있나요?

I would read online reviews before I purchase something,
   + because I can get useful and detailed information about a certain product.

저라면 무언가를 구매하기 전에 온라인 후기를 읽어볼 것 같습니다.
   + 왜냐하면 그 상품에 대해 유용하고 정확한 정보를 얻을 수 있기 때문입니다.

→ 주의할 특이 사항 : 답변 시 ever는 생략하도록 한다. (X) I would ever / (O) I would

선호도 Do you prefer

Do you prefer to watch movies alone or with your friends?

혼자 영화보는 것을 선호하나요 아니면 친구와 함께 보는 것을 선호하나요?

Well, I think it actually depends on my mood that day.
Sometimes, I like to watch movies alone, but sometimes, I like to do that with my friends as well.

글쎄요, 제 생각에는 그날의 제 기분에 따라 다른 것 같습니다.
어떨 때는 혼자 영화를 보고싶은 날도 있고, 어떨 때는, 또 친구와 보고싶기도 합니다.

영업점 추천, 특징

Could you recommend a nice restaurant that I can take my friends to?

제 친구를 데려갈 만한 괜찮은 음식점을 추천해줄 수 있나요?

I would recommend a decent Korean restaurant near my home.
It is one of the best places to enjoy Korean food.
They have various types of healthy and tasty food there.
Also, they have good prices, and they sometimes offer special discounts.
Plus, the staff are always friendly.

저희 집 근처에 있는 한식 맛집을 추천하고 싶습니다.
한식을 먹기에 가장 좋은 음식점 중 하나입니다.
그 음식점에는 건강하고 맛있는 다양한 음식이 있습니다.
또한, 가격대도 저렴하고 ,때로는 할인을 해주기도 합니다.
그리고, 직원들도 항상 친절합니다.

시간 절약 이유

Would you hire a tour guide if you were traveling another city?

다른 도시를 여행한다면 여행 가이드를 섭외 할 의향이 있나요?

I would definitely hire a tour guide,
because if there is a tour guide, I can find tourist attractions more easily.
That way, I won't have to waste too much time searching, and can save a lot of time and energy.
I always like to spend my time efficiently when I travel.

저라면 꼭 여행 가이드를 섭외 할 것 같습니다.
왜냐하면 가이드가 동행하면, 관광 명소들을 훨씬 쉽게 찾을 수 있기 때문입니다.
그러면, 장소를 찾는데 시간을 많이 낭비하지 않아도 되고, 시간과 에너지를 아낄 수 있습니다.
저는 여행을 할 때 항상 시간을 효율적으로 보내는 것을 좋아합니다.

◄◄◄ **1** ►►► 쇼핑(구매)

STEP 1 문항별 빈출 질문 살펴보기

고득점 가이드   구매 관련 빈출 질문

▶ Q5 & Q6 빈출 질문 [답변 시간 15초]

How often do you shop for jewelry and where do you go to buy it?

쥬얼리를 얼마나 자주 구매하나요 그리고 쥬얼리를 사기위해 어디를 가나요?

How far do you normally travel to go to a clothing store?

옷가게에 가기 위해 보통 얼마나 이동을 하나요?

Where do you usually go shopping in your area, and is it easy to get there?

동네에서 주로 쇼핑하는 곳이 어디인가요 그리고 그 곳에 가기 편리한가요?

When was the last time you bought a souvenir and where did you buy it?

가장 최근에 기념품을 구매했던 것이 언제인가요 그리고 어디에서 샀나요?

Where do you usually see ads about hair products?

머리 제품 관련된 광고는 주로 어디에서 보나요?

▶ Q7 빈출 질문 [답변 시간 30초]   * Q7 빈출 질문은 Q6의 15초 질문으로도 출제 가능

Would you consider buying something online? Why?

무언가를 온라인에서 살 의향이 있습니까? 왜 그런가요?

**Would you ever read reviews online of products such as shampoo?
Why or why not?**

샴푸 등의 상품 관련하여 온라인 후기를 읽을 의향이 있습니까? 왜 그런가요 혹은 왜 그렇지 않나요?

What are some disadvantages of buying a pair of shoes online?

온라인에서 신발을 구매하는 것에 대한 단점은 무엇이 있을까요?

Which of the following would you be most likely to buy for a gift and why?
- books   - artworks   - office supplies

아래의 보기 중 선물로 가장 구매할 만한 것은 무엇인가요 그리고 왜 그런가요?
– 책   – 예술 작품   – 사무 용품

Imagine that you are having a conversation with your coworker.
You are talking about shopping in your city.
직장 동료와 대화를 나누고 있다고 상상해 보세요.
당신의 동네에서 쇼핑하는 것에 대해 이야기하고 있습니다.

▶ 질문 유형 : 활동 선호도   빈출도 ★★★★

Q5 Do you like shopping for books? Why or why not?

책 쇼핑 하는 것을 좋아하나요? 왜 그런가요 혹은 왜 그렇지 않나요?

A5 I like shopping for books quite a lot, and I like doing that because shopping is always exciting.
I am also very interested in reading books.

저는 책 쇼핑하는 것을 제법 좋아하는데, 제가 그렇게 좋아하는 이유는 쇼핑은 언제나 신나기 때문입니다.
저 또한 독서에 관심도 많습니다.

▶ 질문 유형 : 최근 활동 시기   빈출도 ★★★★★

Q6 When was the last time you bought a new book, and what did you buy?

가장 최근에 새 책을 구매한 것은 언제인가요, 그리고 무엇을 샀나요?

A6 The last time I bought a new book was a couple of weeks ago.
I bought various types of books, and I got them online (at a bookstore).

제가 가장 최근에 새 책을 구매한 것은 몇 주 전이였습니다.
다양한 책들을 온라인에서(서점에서) 구매하였습니다.

▶ 질문 유형 : 장소 추천   빈출도 ★★★

Q7 Where in the area would you recommend that I go to shop for some books, and why would you recommend going there?

동네에서 책을 사려면 어디에서 살 것을 추천하나요, 그리고 왜 그곳에 갈 것을 추천하나요?

A7 I would recommend a shopping center near my home.
It is one of the best places to go shopping, because there are various types of books there.
Also, they have good prices, and they sometimes offer special discounts.
Plus, the staff are always friendly.

저희 집 근처의 쇼핑센터를 추천하고 싶습니다.
그곳은 쇼핑을 하기에 가장 좋은 장소 중 하나입니다. 왜냐하면 다양한 종류의 책들이 있기 때문이죠.
또한, 가격대도 저렴하고 때로는 할인된 가격에 판매하기도 합니다.
그리고, 직원들도 항상 친절합니다.

STEP ① 문항별 빈출 질문 살펴보기

고득점 가이드　음식 관련 빈출 질문

▶ **Q5 & Q6 빈출 질문 [답변 시간 15초]**

How often do you have a meal with your family?

가족들과 얼마나 자주 식사를 하나요?

I want to take some of my friends out to a nice restaurant next week. Could you recommend a restaurant that I can take my friends to?
Why do you recommend that place?

다음 주에 제 친구 몇 명을 괜찮은 음식점에 데려가고 싶습니다. 친구들을 데려갈 만한 음식점을 추천해줄 수 있나요?
왜 그곳을 추천하나요?

What is your favorite restaurant, and what do you typically eat when you go there?

가장 좋아하는 음식점이 어디인가요, 그리고 거기 가면 주로 무엇을 먹나요?

Do you enjoy trying new food when you eat out?

외식 할 때 새로운 음식을 먹어보는 것을 좋아하나요?

▶ **Q7 빈출 질문 [답변 시간 30초]**　* Q7 빈출 질문은 Q6의 15초 질문으로도 출제 가능

What should a new restaurant do to attract people in your area? Why?

새로운 식당이 당신의 동네 사람들을 모객하기 위해 무엇을 하면 좋을까요? 왜 그런가요?

What do you think would encourage people in your area to go to a new restaurant more often?

동네 사람들이 새로운 식당에 자주 가게 될 만한 이유가 무엇일거라 생각하나요?

Imagine that you are having a conversation with your friend.
You are talking about your eating habit.

친구와 대화를 나누고 있다고 상상해 보세요.
당신의 식습관에 대해 이야기하고 있습니다.

▶ 질문 유형 : 특정 주변 인물과 활동 빈도   빈출도 ★★★★★

Q5 At your home, who usually get groceries?
And, how often does he or she do that?

집에서 주로 누가 장을 보나요? 그리고, 그 사람이 얼마나 자주 장을 보나요?

A5 At my home, my mom usually gets groceries.
She gets groceries at least once a week on average.

저희 집에서는 주로 엄마가 장을 봅니다.
평균적으로 최소 일주일에 한 번은 장을 봅니다.

▶ 질문 유형 : 선호도(양자택일)   빈출도 ★★★★★

Q6 On weekends, do you prefer to go out to eat at restaurants or cook at home?

주말에 외식하는 것을 선호하나요 아니면 집에서 요리 해먹는 것을 선호하나요?

A6 Well, it actually depends on my schedule on weekends.
I would go out to eat at restaurants if I have a tight schedule, but I would just cook at home if I have enough time to do so.

글쎄요, 제 주말 스케줄에 따라 다를 것 같습니다.
바쁠 때는 외식을 할 것 같고, 요리할 시간이 충분하면 그냥 집에서 해 먹을 것 같습니다.

▶ 질문 유형 : 장소   빈출도 ★★★★

Q7 Do you think the area you live in is a good place to eat out often? Why?

당신이 사는 지역이 자주 외식하기 좋은 장소라고 생각하나요? 왜 그런가요?

A7 I think the area I live in is a good place to eat out often, because there are many kinds of restaurants such as Korean, Italian, and Indian.
They have various types of healthy and tasty food there.
Also, they have good prices, and they sometimes offer special discounts.
Plus, the staff are always friendly.

제 생각에 저희 동네는 자주 외식하기 좋은 장소인 것 같습니다.
왜냐하면 한식, 양식, 그리고 인도 등의 다양한 음식점들이 있기 때문입니다.
그 음식점에는 건강하고 맛있는 다양한 음식이 있습니다.
또한, 가격대도 저렴하고 때로는 할인을 해주기도 합니다.
그리고 직원들도 항상 친절합니다.

Q 5-7

◂◂◂ **3** ▸▸▸ 　 휴가

STEP 1 　 문항별 빈출 질문 살펴보기

고득점 가이드 　 휴가 관련 빈출 질문

▸ Q5 & Q6 빈출 질문 [답변 시간 15초]

When was the last time you went on a vacation with your family?

가장 최근에 가족들과 휴가를 다녀온 것이 언제인가요?

What kinds of activities do you want to do in your free time?

여가 시간에 어떤 종류의 활동을 하고 싶나요?

Do you prefer to spend your free time with your friends or alone? Why?

친구와 함께 여가 시간을 보내는 것을 선호하나요 아니면 혼자 보내는 것을 선호하나요? 왜 그런가요?

Where do you think is the best place to spend long vacation time? Why?

긴 휴가를 보내기 가장 좋은 장소는 어디라고 생각하나요? 왜 그런가요?

▸ Q7 빈출 질문 [답변 시간 30초]　 * Q7 빈출 질문은 Q6의 15초 질문으로도 출제 가능

When you are on vacation, what would be the best way to get information about tourist attractions? Why?

- guidebooks
- online review sites
- travel agency

휴가를 갔을 때 관광 명소에 대한 정보를 얻기 위해 가장 좋은 방법은 무엇인가요? 왜 그런가요?
- 가이드북
- 온라인 리뷰 사이트
- 여행사

Imagine that you are having a conversation with your friend.
You are talking about going on a vacation.
친구와 대화를 나누고 있다고 상상해 보세요.
휴가 가는 것에 대해 이야기하고 있습니다.

▶ 질문 유형 : 특정 활동의 횟수와 장소　　　　　　　　　　　　　　　　　　빈출도 ★★★★

Q5　About how many times a year do you go on vacations to foreign countries?
Where do you usually go?

일 년에 몇 번 정도 해외로 휴가를 가나요? 주로 어디를 가나요?

A5　I go on vacations to foreign countries at least once a year on average, and I
normally go on trips to neighboring countries.

저는 평균적으로 최소 일 년에 한 번은 해외로 휴가를 갑니다. 그리고 주로 이웃 국가로 여행을 갑니다.

▶ 질문 유형 : 연락 방법　　　　　　　　　　　　　　　　　　　　　　　　빈출도 ★★

Q6　When you travel abroad, how do you communicate with your friends and family?

해외로 여행을 가면, 친구와 가족들과 어떻게 연락을 하나요?

A6　When I travel abroad, I use messaging apps to communicate with my friends and
family.
By using messaging apps, I can chat with them whenever I want to.

제가 해외 여행을 할 때는, 친구와 가족들과 연락을 하기 위해 메신저 어플리케이션을 사용합니다.
메신저 애플리케이션을 사용하면, 언제든지 제가 원할 때마다 연락할 수 있습니다.

▶ 질문 유형 : 근무 조건 및 환경에 대한 견해　　　　　　　　　　　　　　　빈출도 ★★★

Q7　Do you think the amount of vacation time is important when you are looking for a
new job? Why or why not?

새로운 일자리를 찾고 있는 상황이라면 그 회사에서 주는 휴가 기간이 중요하다고 생각하나요? 왜 그런가요 혹은 왜 그렇지 않나요?

A7　I think the amount of vacation time is very important,
because long vacations help me get enough rest.
If I don't get enough rest, I might get burned out.
Long vacations help me regain my energy, which motivates me to work harder.
So, I can work more efficiently after a nice long vacation.

제 생각에 휴가의 기간은 매우 중요한 것 같습니다.
왜냐하면 긴 휴가는 제가 충분히 쉴 수 있도록 해주기 때문입니다.
만일 충분히 휴식을 취하지 못하면 너무 지칠 수도 있을 것 같습니다.
긴 휴가는 체력을 회복할 수 있게 도와주고, 그것은 곧 내가 더 열심히 일하도록 동기를 부여해줍니다.
그래서, 제대로 휴가를 보내고 나서 더 효율적으로 일 할 수 있게 됩니다.

STEP 1 문항별 빈출 질문 살펴보기

고득점 가이드 학교/직장 생활 관련 빈출 질문

▶ Q5 & Q6 빈출 질문 [답변 시간 15초]

On the first day of school or work, how do you normally introduce yourself?

학교나 직장에서의 첫 날, 주로 본인 소개를 어떻게 하나요?

Do you prefer to eat out for lunch or bring your own lunch to work? Why is that?

직장에서 점심을 나가서 먹는 것을 선호하나요 아니면 가지고 와서 먹는 것을 선호하나요? 왜 그런가요?

Would you work for a small company or a large company? Why?

작은 회사에서 일하고 싶나요 아니면 대기업에서 일하고 싶나요? 왜 그런가요?

▶ Q7 빈출 질문 [답변 시간 30초]　* Q7 빈출 질문은 Q6의 15초 질문으로도 출제 가능

Which place would you recommend for a healthy lunch near your school or workplace?

학교나 직장 근처에서 건강한 점심 식사를 할 수 있는 장소로 추천할만한 곳은 어디인가요?

What would be the biggest challenge of being a team leader at work?

직장에서 팀 리더로써의 가장 큰 난관은 무엇이라 생각하나요?

Imagine that you are having a conversation with your neighbor.
You are talking about going to school or work.

이웃과 대화를 나누고 있다고 상상해 보세요.
학교나 직장에 가는 것에 대해 이야기하고 있습니다.

▶ 질문 유형 : 거리   빈출도 ★★★★

Q5 How far do you normally travel to get to work or school?
Do you think it is too far from your home?

출근이나 등교할 때 이동 거리가 얼마나 되나요? 집에서 멀다고 생각하나요?

A5 I think I travel about half an hour by bus to get to work.
I don't think it is that far from my home, but I prefer shorter commute.

제 생각에 저는 출근할 때 버스로 30분 정도 이동하는 것 같습니다.
집에서 그렇게 멀다고 생각하진 않지만, 통근 거리가 더 짧으면 좋을 것 같습니다.

▶ 질문 유형 : 선호도   빈출도 ★★★

Q6 Do you prefer to have meetings with your co-workers outside of work?
Why or why not?

직장 동료들과 밖에서 회의하는 것을 더 좋아하나요? 왜 그러나요 혹은 왜 그렇지 않나요?

A6 I think it depends on what kinds of meetings they are.
I would have a meeting in the office if it is about something urgent,
but I would have a meeting outside of work, if we have enough time to do so.

제 생각에 저는 어떤 종류의 회의인지에 따라 다를 것 같습니다. 급한 것이라면 사무실에서 진행할 것 같고,
회의할 시간이 충분하다면, 회사 밖에서 진행할 수도 있을 것 같습니다.

▶ 질문 유형 : 선호도(삼중 택일)   빈출도 ★★★★

Q7 Which of the following is most important to you at work and why?
- flexible working schedule   - helpful co-workers   - employee benefits

아래의 보기 중 직장생활에서 가장 중요한 것이 무엇이라 생각하나요 그리고 왜 그런가요?
– 탄력 근무제   – 잘 도와주는 동료들   – 직원 복지

A7 I think helpful co-workers are most important at work, because if co-workers try to help me, I can solve problems more easily.
That way, I won't have to waste too much time and can save a lot of time and energy.
I always like to spend my time efficiently at work.

제 생각에는 잘 도와주는 동료들이 직장생활에서 가장 중요한 것 같습니다. 왜냐하면 만일 동료들이 저를 잘 도와준다면, 문제를 쉽게 해결할 수 있기 때문입니다.
그러면, 시간을 많이 낭비하지 않아도 되고 많은 시간과 에너지를 아낄 수 있습니다.
저는 직장에서 항상 시간을 효율적으로 보내는 것을 좋아합니다.

5 ▸▸▸ 기술

> **STEP 1** 문항별 빈출 질문 살펴보기

고득점 가이드 기술 관련 빈출 질문

▸ **Q5 & Q6 빈출 질문 [답변 시간 15초]**

What kind of new technology would you like to have at home and why?
집에 있었으면 하는 새로운 기술은 무엇이고 왜 그렇게 생각하나요?

What is the last app you bought? How often do you use it?
가장 최근에 구매한 어플리케이션은 무엇인가요? 그것을 얼마나 자주 사용하나요?

What kinds of things do you typically do on the internet?
인터넷으로 주로 무엇을 하는 편인가요?

Are you happy with your internet service provider? Why or why not?
사용 중인 인터넷 회사에 만족하나요? 왜 그런가요 혹은 왜 그렇지 않나요?

▸ **Q7 빈출 질문 [답변 시간 30초]** * Q7 빈출 질문은 Q6의 15초 질문으로도 출제 가능

Do people around you like getting new technology? Why or why not?
주변 사람들이 새로운 기술 제품을 구매하는 것을 좋아하나요? 왜 그런가요 혹은 왜 그렇지 않나요?

In the future, do you think people will use apps more often than they do now? Why or why not?
앞으로, 사람들이 지금보다 어플리케이션을 더 자주 사용할 것이라 생각하나요? 왜 그런가요 혹은 왜 그렇지 않나요?

Imagine that a marketing company is doing research in your city.
You have agreed to participate in an interview about new technology.

마케팅 회사가 당신이 살고 있는 도시에서 설문조사를 하고 있다고 상상해보세요.
당신은 새로운 기술에 대한 인터뷰에 응할 것을 동의한 상황입니다.

▶ 질문 유형 : 기술의 종류와 첫 이용 시기　　　　　　　　　　　　　　　　　빈출도 ★★★

Q5 What do you think is the newest piece of technology in your school or workplace, and when was the first time you used it?

당신의 학교나 직장에서 가장 최신 기술은 무엇이라 생각하나요, 그리고 그것을 처음 사용했던 것은 언제 인가요?

A5 The newest piece of technology in my workplace is wireless internet connection, and the first time I used it was a couple of years ago.

저희 회사에 있는 가장 최신 기술은 무선 인터넷이고, 그것을 가장 처음으로 사용했던 것은 몇 년 전 쯤입니다.

▶ 질문 유형 : 정보나 지식을 얻는 방법　　　　　　　　　　　　　　　　　　빈출도 ★★★

Q6 Who would you ask for help if you don't know how to use a new piece of technology and why?

새로운 기술 제품을 사용하는 방법을 모른다면 누구에게 도움을 요청할 건가요 그리고 왜 그런가요?

A6 I think I would just look up on the internet, because there is a lot of detailed information about how to use different kinds of technology on the internet these days.

제 생각에는 그냥 인터넷에서 찾아볼 것 같습니다. 왜냐하면 요즘 인터넷에는 다양한 종류의 기술을 사용하는 법에 대한 상세한 정보가 많이 있기 때문입니다.

▶ 질문 유형 : 기술에 대한 선호도　　　　　　　　　　　　　　　　　　　　빈출도 ★★★★

Q7 Which of the following would you consider the most when buying an app?
- recommendation from a friend　- how much it is　- how popular it is

아래의 보기 중 어플리케이션 구매 시 가장 많이 고려할 요소는 무엇인가요?
– 친구의 추천　– 얼마인지　– 얼마나 인기있는지

A7 I think I would consider the recommendation from my friend the most, because if my friend recommends a nice app, I can choose one more easily.
That way, I won't have to waste too much time searching for a good app, and can save a lot of time and energy.
I always like to spend my time efficiently when I shop for something.

제 생각에는 저는 친구의 추천을 가장 많이 고려할 것 같습니다. 왜냐하면 만일 친구가 괜찮은 애플리케이션을 추천해준다면 사용할 좋은 어플리케이션을 더 쉽게 선택할 수 있기 때문입니다.
그러면, 괜찮은 애플리케이션을 찾아보느라 시간 낭비를 하지 않아도 되고, 많은 시간과 에너지를 아낄 수 있습니다.
저는 무언가를 구매할 때 항상 시간을 효율적으로 보내는 것을 좋아합니다.

6 ►►► 날씨

STEP 1 문항별 빈출 질문 살펴보기

고득점 가이드 날씨 관련 빈출 질문

▸ Q5 & Q6 빈출 질문 [답변 시간 15초]

What is the weather like in your area at this time of the year?

일년 중 이 맘 때쯤 당신이 살고 있는 지역의 날씨가 어떤가요?

What is your favorite weather and why do you like it?

가장 좋아하는 날씨는 무엇이고 왜 좋아하나요?

What is the best weather to go for a picnic? Why?

소풍을 가기에 가장 좋은 날씨는 무엇인가요? 왜 그런가요?

▸ Q7 빈출 질문 [답변 시간 30초] * Q7 빈출 질문은 Q6의 15초 질문으로도 출제 가능

Could you recommend some outdoor activities I could do in the area? Why would you recommend them?

동네에서 할 만한 야외 활동을 추천해 주실 수 있나요? 왜 그것들을 추천하나요?

Where would you recommend for me to I enjoy outdoor activities in your area? Why?

당신의 동네에서 제가 야외 활동을 할 만한 장소로 어디를 추천해 주시겠나요? 왜 그런가요?

Imagine that a tech company is doing research in your city.
You have agreed to participate in an interview about weather in your area.
기술 회사가 당신이 살고 있는 도시에서 설문조사를 하고 있다고 상상해보세요.
당신은 살고 있는 지역의 날씨에 대한 인터뷰에 응할 것을 동의한 상황입니다.

▶ 질문 유형 : 특정 활동의 횟수와 방법   빈출도 ★★★★

Q5 About how many times a week do you check the weather report?
How do you check it?

일주일에 대략 몇 회 정도 일기예보를 확인하나요? 어떻게 확인하나요?

A5 I check the weather report whenever I need to,
and I usually check the weather by watching the weather forecast on TV.

저는 제가 필요할 때마다 일기예보를 확인하는 편이고,
주로 TV를 통해 일기예보를 봅니다.

▶ 질문 유형 : 특정 활동을 하기에 최적화된 날씨   빈출도 ★★★

Q6 Which is the best weather for outdoor activities? Why?

야외 활동을 하기에 가장 좋은 날씨는 어떤 날씨인가요? 왜 그런가요?

A6 Well, I think it actually depends on the activity.
Nice and sunny weather would be nice for water sports like swimming, but cool
weather would be better for a picnic.

글쎄요, 제 생각에 그건 어떤 활동이냐에 따라 다를 것 같습니다.
화창하고 좋은 날씨는 수영 같은 수상 스포츠에 알맞을 것 같은 반면에, 시원한 날씨는 소풍을 가기에 더 알맞을 것 같습니다.

▶ 질문 유형 : 날씨를 즐기는 것에 대한 선호도   빈출도 ★★★

Q7 Do you often enjoy the weather in your area? Why or why not?

당신이 살고 있는 지역의 날씨를 자주 즐기는 편인가요? 왜 그런가요 혹은 왜 그렇지 않나요?

A7 I love to enjoy the weather when it's spring and fall, because the temperatures are
mild, and it is suitable for outdoor activities.
I can go on picnics and enjoy various types of activities.
In summer, however, it is hot and humid, so I normally stay in.
Also, when it's winter, it is freezing cold, so it's hard to enjoy the weather outside.

저는 봄과 가을에 날씨를 즐기는 것을 좋아합니다. 왜냐하면 기온이 온화하고, 야외 활동을 즐기기에 적합하기 때문입니다.
소풍을 가거나 다양한 종류의 활동들을 즐길 수 있습니다.
하지만, 여름에는, 덥고 습하기 때문에, 주로 집에 있는 편입니다.
그리고, 겨울에는, 너무 춥기 때문에, 바깥에서 날씨를 즐기는 것은 어렵습니다.

7 ▸▸▸ 동네 시설

STEP 1 문항별 빈출 질문 살펴보기

고득점 가이드　동네 시설 관련 빈출 질문

▸ Q5 & Q6 빈출 질문 [답변 시간 15초]

What time of the year do you go to swimming pools most often? Why?

일 년 중 언제 수영장을 가장 자주 가나요? 왜 그런가요?

How long does it take to get to the nearest swimming pool in your area?

당신 동네에서 가장 가까운 수영장에 가는데 얼마나 걸리나요?

▸ Q7 빈출 질문 [답변 시간 30초]　* Q7 빈출 질문은 Q6의 15초 질문으로도 출제 가능

What should a new shopping center do to attract more customers?

새로운 쇼핑 센터가 모객을 많이 하기 위해 하면 좋은 것이 무엇이라 생각하나요?

If a new bakery opened in your area, which of the following would most influence your decision to visit there?
- discounts and promotions
- the distance from home
- the number of products

만약 새로운 빵집이 동네에 연다면, 아래의 보기 중 그곳에 갈지 결정하는 것에 대해 가장 큰 영향을 주는 요소는 무엇인가요?
- 할인과 프로모션
- 집에서의 거리
- 제품의 다양성

Imagine that a marketing company is doing research in your city.
You have agreed to participate in an interview about going swimming.

마케팅 회사가 당신이 살고 있는 도시에서 설문조사를 하고 있다고 상상해보세요.
당신은 수영하는 것에 대한 인터뷰에 응할 것을 동의한 상황입니다.

▶ 질문 유형 : 활동 최적화 시기   빈출도 ★★★

Q5 When do you think is the best time of the year to go for a swim, and why?

일 년 중 수영을 하러 가기에 최적의 시기는 언제라고 생각하나요, 그리고 왜 그런가요?

A5 Well, I think it depends on the person.
Some people like to go for a swim in summer, but some people like to do that in
fall as well.

글쎄요, 제 생각에 그건 사람마다 다를 것 같습니다.
어떤 사람들은 여름에 수영하러 가는 것을 좋아하는 반면에, 어떤 사람들은 가을에 하러 가는 것을 좋아하기도 합니다.

▶ 질문 유형 : 시설의 개수   빈출도 ★★★

Q6 How many swimming pools are there near your home, and do you think there
should be more?

당신의 집 근처에 수영장이 몇 개 있나요, 그리고 더 많아야 한다고 생각하나요?

A6 There are about two to three swimming pools near my home, and it would be great
if there are more of them, because I go swimming quite often.

저희 집 근처에는 대략 두 세 개 정도의 수영장이 있습니다. 그리고 저는 수영을 제법 자주 하러 가기 때문에, 더 많으면 좋을 것 같습니다.

▶ 질문 유형 : 선호도(삼중 택일)   빈출도 ★★★

Q7 Which of the following would be most important to you when choosing a place to
go for a swim? Why?
- Opening hours   - Location   - Popularity

아래의 보기 중 수영하러 갈 장소를 고를 때 가장 중요한 요소는 무엇인가요? 왜 그런가요?
– 영업 시간   – 위치   – 인기

A7 I think the location would be most important.
If the swimming pool is close to where I live, I will be able to get there more easily.
That way, I won't have to waste too much time moving around and can save a lot
of time and energy.
I always like to spend my time efficiently.

저는 위치가 가장 중요한 것 같습니다.
만일 수영장이 제가 사는 곳과 가까우면, 더 쉽게 갈 수 있을 것 같습니다.
그러면, 이동하는데 시간 낭비를 많이 하지 않아도 되서 많은 시간과 에너지를 아낄 수 있습니다.
저는 항상 시간을 효율적으로 보내는 것을 좋아합니다.

문항별 빈출 질문 살펴보기

고득점 가이드   **공원 관련 빈출 질문**

▶ Q5 & Q6 빈출 질문 [답변 시간 15초]

How often do you visit parks and what do you do there?

공원에 얼마나 자주 가고 그곳에 가면 무엇을 하나요?

How long does it take to get to the nearest parks in your area?

당신 동네에서 가장 가까운 공원에 가는데 얼마나 걸리나요?

Is it easy to find a park in your area? Why or why not?

당신 동네에서 공원을 쉽게 찾을 수 있나요? 왜 그런가요 혹은 왜 그렇지 않나요?

▶ Q7 빈출 질문 [답변 시간 30초]   * Q7 빈출 질문은 Q6의 15초 질문으로도 출제 가능

Would you get some exercise at parks if you have some free time? Why or why not?

한가로울 때 공원에서 운동을 할 의향이 있나요? 왜 그런가요 혹은 왜 그렇지 않나요?

Do you think there should be more sports facilities in public parks? Why or why not?

공원에 더 많은 스포츠 시설이 있어야 한다고 생각하나요? 왜 그런가요 혹은 왜 그렇지 않나요?

Which of the following do you think your city needs more and why?
- movie theaters
- parks
- shopping centers

아래의 보기 중 당신이 살고 있는 도시에 더 많이 필요하다고 생각되는 것은 무엇이고 왜 그런가요?
- 영화관
- 공원
- 쇼핑 센터

Imagine that a marketing company is doing research in your city.
You have agreed to participate in an interview about parks.

마케팅 회사가 당신이 살고 있는 도시에서 설문조사를 하고 있다고 상상해보세요.
당신은 공원에 대한 인터뷰에 응할 것을 동의한 상황입니다.

▶ 질문 유형 : 장소 위치와 소요 시간   빈출도 ★★★★★

Q5 Where is the nearest park in your area, and how long does it take to get there?

당신의 동네에서 가장 가까운 공원은 어디인가요 그리고 그곳까지 가는데 얼마나 걸리나요?

A5 The nearest park in my area is located near the subway station, and it takes about half an hour to get there on foot.

저희 동네에서 가장 가까운 공원은 지하철역 근처에 위치해 있고, 그곳까지 걸어가는데 30분 정도 걸립니다.

▶ 질문 유형 : 과거와 현재의 차이   빈출도 ★★

Q6 Do you think that people visit parks more often now than in the past? Why or why not?

사람들이 과거에 비해 더 공원을 자주 간다고 생각하나요? 왜 그런가요 혹은 왜 그렇지 않나요?

A6 I think people visit parks more often now than in the past, because there are a lot of sports facilities at parks that people can enjoy these days.
Parks have become much bigger in size as well.

제 생각에는 사람들이 과거에 비해 더 공원을 자주 찾는 것 같습니다. 왜냐하면 요즘 공원에는 사람들이 즐길 수 있는 많은 스포츠 시설이 있기 때문입니다.
공원은 규모적으로도 훨씬 커졌습니다.

▶ 질문 유형 : 장소의 특징   빈출도 ★★★★

Q7 Would a park be a good place to spend your free time? Why or why not?

공원은 당신의 여가 시간을 보내기 좋은 장소인가요? 왜 그런가요 혹은 왜 그렇지 않나요?

A7 I think parks are great places to spend my free time, because I can enjoy various types of activities at parks.
For instance, I can ride bikes or play sports there.
I can also take walks at parks to get some air.
So, I think parks are one of the best places to get some exercise.

제 생각에 공원은 여가 시간을 즐기기 좋은 장소인 것 같습니다. 왜냐하면 공원에서는 다양한 종류의 활동을 즐길 수 있기 때문입니다.
예를 들어, 공원에서 자전거를 타거나 스포츠를 할 수 있습니다.
바람을 쐬기 위해 산책도 할 수 있습니다.
그래서, 공원은 운동을 하기에 가장 좋은 장소 중 하나라고 생각합니다.

STEP **1**   문항별 빈출 질문 살펴보기

고득점 가이드   대중교통 관련 빈출 질문

▸ Q5 & Q6 빈출 질문 [답변 시간 15초]

How often do you take a bus and where do you usually go?

버스를 얼마나 자주 이용하고 어디를 주로 가나요?

What do you typically do when you are traveling somewhere far by bus?

버스로 멀리 이동할 때 주로 무엇을 하나요?

How many bus stops are there in your area? Do you think there should be more?

당신의 동네에 버스 정류장이 몇 개 있나요? 더 있어야 한다고 생각하나요?

Do people around you use taxis often? When do they use them?

주변 사람들이 택시를 자주 이용하나요? 언제 이용하나요?

▸ Q7 빈출 질문 [답변 시간 30초]   * Q7 빈출 질문은 Q6의 15초 질문으로도 출제 가능

What are some advantages of traveling by a taxi instead of a bus?

버스보다 택시로 이동하는 것에 대한 장점은 무엇이 있나요?

What could bus companies do to improve their services?

버스 회사가 서비스를 개선하기 위해 할 수 있는 일은 무엇이 있나요?

Imagine that a taxi company is doing research in your city.
You have agreed to participate in an interview about using a taxi.

택시 회사가 당신이 살고 있는 도시에서 설문조사를 하고 있다고 상상해보세요.
당신은 택시를 이용하는 것에 대한 인터뷰에 응할 것을 동의한 상황입니다.

▶ 질문 유형 : 서비스 이용 방법   빈출도 ★★★

Q5 How do you normally arrange for a taxi?

보통 택시를 어떻게 잡나요?

A5 I usually call a cap by using a mobile app or just wait for one at the taxi stand.

저는 주로 휴대전화 애플리케이션으로 택시를 부르거나 그냥 택시 정류장에서 기다립니다.

▶ 질문 유형 : 선호도(양자 택일)   빈출도 ★★★★★

Q6 Do you prefer to get bus tickets right before you get on the bus or ahead of time?
Why?

버스 표를 버스 타기 직전에 구매하는 것을 선호하나요 아니면 미리 구매하는 것을 선호하나요? 왜 그런가요?

A6 Well, I think it depends on where I go.
I would buy bus tickets right before I get on the bus most of the time, but I would
do that in advance if I have to travel somewhere far.

글쎄요, 제가 어디를 가느냐에 따라 달라질 것 같습니다.
대부분의 경우 버스를 타기 직전에 버스표를 구매하겠지만, 어딘가 멀리 가야할 때는 미리 구매할 것 같습니다.

▶ 질문 유형 : 서비스 이용 이유   빈출도 ★★★

Q7 What would be some reason to take a taxi often?

택시를 자주 탈 만한 이유는 뭐가 있나요?

A7 I think there are several reason to take a taxi often.
First, taxis are one of the fastest ways to move around.
If a taxi takes me to my destination quickly, I won't have to waste too much time
moving around, and can save my time and energy.
Also, taxis are the most convenient way to get around.

제 생각에는 택시를 자주 탈 만한 이유는 여러 가지가 있다고 생각합니다.
우선, 택시는 이동하는 데 있어 가장 빠른 수단 중 하나입니다.
만일 택시가 목적지까지 빨리 데려다준다면, 이동하는 데 시간 낭비를 많이 하지 않아도 되고, 시간과 에너지를 아낄 수 있습니다.
그리고, 어딘가를 돌아다니는 데 있어 택시는 가장 편리한 수단인 것 같습니다.

Set 1   ◀) P3_I0 모범답변 P1I4

TOEIC Speaking

Questions 5-7: Respond to questions

Directions:

In this part of the test, you will answer three questions. You will have three seconds to prepare after you hear each question. You will have 15 seconds to respond to Questions 5 and 6 and 30 seconds to respond to Question 7.

TOEIC Speaking   Question 5-7 of 11

Imagine that a travel agency is doing research in your city.
You have agreed to participate in a telephone interview about traveling.

TOEIC Speaking   Question 6 of 11

Imagine that a travel agency is doing research in your city.
You have agreed to participate in a telephone interview about traveling.

How often do you travel abroad, and when was the last time you visited a foreign country?

PREPARATION TIME	RESPONSE TIME
00 : 00 : 03	00 : 00 : 15

Imagine that a travel agency is doing research in your city.
You have agreed to participate in a telephone interview about traveling.

If you were traveling abroad, would you ever use a tourist information center? Why or why not?

PREPARATION TIME	RESPONSE TIME
00 : 00 : 03	00 : 00 : 15

Imagine that a travel agency is doing research in your city.
You have agreed to participate in a telephone interview about traveling.

Do you think it would be fun to work at a tourist information center? Why or why not?

PREPARATION TIME	RESPONSE TIME
00 : 00 : 03	00 : 00 : 30

TEST

고득점 파이널

Set 2   ◆) P3_11 모범답변 P115

TOEIC Speaking

Questions 5-7: Respond to questions

Directions:

In this part of the test, you will answer three questions. You will have three seconds to prepare after you hear each question. You will have 15 seconds to respond to Questions 5 and 6 and 30 seconds to respond to Question 7.

TOEIC Speaking   Question 5-7 of 11

Imagine that a marketing firm is doing research on internet trends.
You have agreed to participate in a telephone interview about social media.

TOEIC Speaking   Question 5 of 11

Imagine that a marketing firm is doing research on internet trends.
You have agreed to participate in a telephone interview about social media.

When was the last time you used a social media site?
How much time do you usually spend on using it?

PREPARATION TIME	RESPONSE TIME
00 : 00 : 03	00 : 00 : 15

TOEIC Speaking

Question 6 of 11

Imagine that a marketing firm is doing research on internet trends.
You have agreed to participate in a telephone interview about social media.

Do your friends or coworkers use social media for professional reasons?
Why or why not?

PREPARATION TIME	RESPONSE TIME
00 : 00 : 03	00 : 00 : 15

TOEIC Speaking

Question 7 of 11

Imagine that a marketing firm is doing research on internet trends.
You have agreed to participate in a telephone interview about social media.

Which of the following would be most important if you were choosing a new social media website to use?
- popularity
- types of contents
- comments from other users

PREPARATION TIME	RESPONSE TIME
00 : 00 : 03	00 : 00 : 30

고득점 파이널 TEST ◀ 103

TEST

◀) P3_12 모범답변 P116

TOEIC Speaking

Questions 5-7: Respond to questions

Directions:

In this part of the test, you will answer three questions. You will have three seconds to prepare after you hear each question. You will have 15 seconds to respond to Questions 5 and 6 and 30 seconds to respond to Question 7.

TOEIC Speaking　　　　　　　　　**Question 5-7 of 11**

Imagine that you are talking to one of your friends.
You are having a conversation about outdoor activities.

TOEIC Speaking　　　　　　　　　**Question 5 of 11**

Imagine that you are talking to one of your friends.
You are having a conversation about outdoor activities.

Where is the nearest park in your area, and why do you go there?

PREPARATION TIME	RESPONSE TIME
00 : 00 : 03	00 : 00 : 15

TOEIC Speaking   Question 6 of 11

Imagine that you are talking to one of your friends.
You are having a conversation about outdoor activities.

How is the weather like in your area at this time of the year?

PREPARATION TIME	RESPONSE TIME
00 : 00 : 03	00 : 00 : 15

TOEIC Speaking   Question 7 of 11

Imagine that you are talking to one of your friends.
You are having a conversation about outdoor activities.

Could you tell me some outdoor activities I can enjoy in your area?
Why would you recommend those activities?

PREPARATION TIME	RESPONSE TIME
00 : 00 : 03	00 : 00 : 30

고득점 파이널 **TEST**

Set 4

◀)) P3_13 모범답변 P117

TOEIC Speaking

Questions 5-7: Respond to questions

Directions:

In this part of the test, you will answer three questions. You will have three seconds to prepare after you hear each question. You will have 15 seconds to respond to Questions 5 and 6 and 30 seconds to respond to Question 7.

TOEIC Speaking　　　　　　　　　　**Question 5-7 of 11**

Imagine that you are talking on the phone with a friend.
You are talking about apartments and houses.

TOEIC Speaking　　　　　　　　　　**Question 5 of 11**

Imagine that you are talking on the phone with a friend.
You are talking about apartments and houses.

How long have you lived in your current home, and do you plan on moving in the future?

PREPARATION TIME	RESPONSE TIME
00 : 00 : 03	00 : 00 : 15

Imagine that you are talking on the phone with a friend.
You are talking about apartments and houses.

How often do you usually walk to places near your home, and where do you usually go?

PREPARATION TIME	RESPONSE TIME
00 : 00 : 03	00 : 00 : 15

Imagine that you are talking on the phone with a friend.
You are talking about apartments and houses.

What are some advantages of living in an apartment instead of living in a house?

PREPARATION TIME	RESPONSE TIME
00 : 00 : 03	00 : 00 : 30

TEST

고득점 파이널

Set 5

◀) P3_14 모범답변 P118

TOEIC Speaking

Questions 5-7: Respond to questions

Directions:

In this part of the test, you will answer three questions. You will have three seconds to prepare after you hear each question. You will have 15 seconds to respond to Questions 5 and 6 and 30 seconds to respond to Question 7.

Imagine that a college student is writing a report about playing game on devices. You have agreed to participate in a telephone interview about online games.

Imagine that a college student is writing a report about playing game on devices. You have agreed to participate in a telephone interview about online games.

When was the last time you played a game and was it an online game?

PREPARATION TIME	RESPONSE TIME
00 : 00 : 03	00 : 00 : 15

Imagine that a college student is writing a report about playing game on devices. You have agreed to participate in a telephone interview about online games.

Do you prefer to play traditional games or online games? Why?

PREPARATION TIME	RESPONSE TIME
00 : 00 : 03	00 : 00 : 15

Imagine that a college student is writing a report about playing game on devices. You have agreed to participate in a telephone interview about online games.

Do you think it is good for children to play online games? Why or why not?

PREPARATION TIME	RESPONSE TIME
00 : 00 : 03	00 : 00 : 30

TOEIC Speaking

Questions 5-7: Respond to questions

Directions:

In this part of the test, you will answer three questions. You will have three seconds to prepare after you hear each question. You will have 15 seconds to respond to Questions 5 and 6 and 30 seconds to respond to Question 7.

TOEIC Speaking   Question 5-7 of 11

Imagine that a marketing company is doing research in your area. You have agreed to participate in a telephone interview about home appliances.

TOEIC Speaking   Question 5 of 11

Imagine that a marketing company is doing research in your area. You have agreed to participate in a telephone interview about home appliances.

How often do you get home appliances and when was the last time you bought them?

PREPARATION TIME	RESPONSE TIME
00 : 00 : 03	00 : 00 : 15

TOEIC Speaking — Question 6 of 11

Imagine that a marketing company is doing research in your area. You have agreed to participate in a telephone interview about home appliances.

Where is the best place to buy home appliances in your area and why?

PREPARATION TIME	RESPONSE TIME
00 : 00 : 03	00 : 00 : 15

TOEIC Speaking — Question 7 of 11

Imagine that a marketing company is doing research in your area. You have agreed to participate in a telephone interview about home appliances.

What kind of home appliance do you use most often and why?

PREPARATION TIME	RESPONSE TIME
00 : 00 : 03	00 : 00 : 30

TEST

고득점 파이널

Set 7

◀)) P3_16 모범답변 P120

TOEIC Speaking

Questions 5-7: Respond to questions

Directions:

In this part of the test, you will answer three questions. You will have three seconds to prepare after you hear each question. You will have 15 seconds to respond to Questions 5 and 6 and 30 seconds to respond to Question 7.

TOEIC Speaking   Question 5-7 of 11

Imagine that your city is planning to open a new park. You have agreed to participate in a telephone interview about parks.

TOEIC Speaking   Question 5 of 11

Imagine that your city is planning to open a new park. You have agreed to participate in a telephone interview about parks.

How far from your home is the nearest park?

PREPARATION TIME	RESPONSE TIME
00 : 00 : 03	00 : 00 : 15

TOEIC Speaking — Question 6 of 11

Imagine that your city is planning to open a new park. You have agreed to participate in a telephone interview about parks.

Do you go to parks more often this year than you did last year? Why or why not?

PREPARATION TIME	RESPONSE TIME
00 : 00 : 03	00 : 00 : 15

TOEIC Speaking — Question 7 of 11

Imagine that your city is planning to open a new park. You have agreed to participate in a telephone interview about parks.

What are some advantages of having more parks in your area?

PREPARATION TIME	RESPONSE TIME
00 : 00 : 03	00 : 00 : 30

고득점 파이널 TEST

SET 01

P3_10

Imagine that a travel agency is doing research in your city. You have agreed to participate in a telephone interview about traveling.

여행사가 당신의 동네에서 설문조사를 하고 있다고 상상해보세요. 당신은 여행에 대한 전화 인터뷰에 응할 것을 동의한 상황입니다.

Q5 How often do you travel abroad, and when was the last time you visited a foreign country?

A5 I travel abroad at least once a year on average, and the last time I visited a foreign country was a couple of years ago.

Q5. 얼마나 자주 해외 여행을 가나요, 그리고 가장 최근에 외국을 방문했던 것은 언제인가요?
A5. 저는 평균적으로 최소 일 년에 한 번은 해외 여행을 가고 가장 최근에 외국을 방문했던 것은 몇 년 전쯤입니다.

Q6 If you were traveling abroad, would you ever use a tourist information center? Why or why not?

A6 I would use a tourist information center if I get lost. By asking for directions, I won't have to waste time searching for places I want to check out.

Q6. 해외 여행을 간다면 관광객 안내 센터를 이용 할 것 같습니까? 왜 혹은 왜 그렇지 않나요?
A6. 제가 만일 길을 잃는다면 관광객 안내 센터를 이용할 것 같습니다. 길을 물어보면, 제가 가고 싶은 장소를 찾는데 시간 낭비하지 않아도 될 것 같습니다.

Q7 Do you think it would be fun to work at a tourist information center? Why or why not?

A7 I think it would be quite fun to work at a tourist information center, because I can meet a lot of new people from different countries.
I will get to learn new things by talking to those people.
For instance, I can become more knowledgeable about various cultures and languages.
So, this is why I think it would be fun to work at a tourist information center.

Q7. 관광객 안내 센터에서 일하면 즐거울 것 같나요? 왜 그런가요 혹은 왜 그렇지 않나요?
A7. 제 생각에는 관광객 안내 센터에서 일하는 것이 제법 즐거울 것 같습니다. 왜냐하면 다양한 나라에서 온 사람들을 많이 만날 수 있기 때문입니다. 그 사람들과 이야기를 하다 보면 새로운 것을 많이 배우게 될 것입니다.
예를 들어, 다양한 문화와 언어에 대해 많이 알게 될 것 같습니다.
그래서, 이것이 제가 관광객 안내 센터에서 일하는 것이 즐거울 것이라 생각한 이유입니다.

Imagine that a marketing firm is doing research on internet trends. You have agreed to participate in a telephone interview about social media.

Q5 When was the last time you used a social network service?
How much time do you usually spend on using it?

A5 The last time I used a social network service was a couple of hours ago, and I think I use it at least once a day on average.

Q6 Do your friends or co-workers use social network service for professional reasons? Why or why not?

A6 Well, it actually depends on their job.
Some of my friends use social network service to promote their businesses, but some of them don't use it for professional reasons.

Q7 Which of the following would be most important if you were choosing a new social network service to use?
- popularity
- types of contents
- comments from other users

A7 I think comments from other users would be most important, because if I read comments, I can choose a social network service more easily.
That way, I won't have to waste too much time searching for information and can save a lot of time and energy.
I always like to spend my time efficiently.

마케팅 회사가 인터넷 사용 추이에 대한 설문조사를 하고 있다고 상상해 보세요. 당신은 소셜 미디어에 대한 전화 인터뷰에 응할 것을 동의한 상황입니다.

Q5. 가장 최근 SNS를 사용한 것이 언제인가요? 그것을 보통 얼마나 사용하나요?
A5. 제가 SNS를 가장 최근에 사용한 것은 몇 시간 전쯤이었고 평균적으로 하루에 한 번 사용하는 것 같습니다.

Q6. 당신의 친구들이나 동료들은 업무적인 목적으로 SNS를 사용하기도 하나요? 왜 그런가요 혹은 왜 그렇지 않나요?
A6. 글쎄요, 그들이 하는 일이 무엇이냐에 따라 다를 것 같습니다.
몇 친구들은 사업을 홍보하는 목적으로 SNS를 사용하기도 하지만, 어떤 친구들은 업무적인 용도로 사용하지 않습니다.

Q7. 아래의 보기 중 사용할 새로운 SNS를 선택하는데 있어 가장 중요한 요소는 무엇인가요?
- 인기
- 컨텐츠의 종류
- 다른 사용자의 후기
A7. 제 생각에는 다른 사용자들의 후기가 가장 중요한 것 같습니다. 왜냐하면 읽었을 때, SNS를 더 쉽게 고를 수 있기 때문입니다.
그러면, 정보를 찾는데 있어 시간 낭비를 많이 하지 않아도 되고, 시간과 에너지를 많이 아끼게 될 것입니다.
저는 항상 시간을 효율적으로 보내는 것을 좋아합니다.

Imagine that you are talking to one of your friends. You are having a conversation about outdoor activities.

친구와 대화하고 있다고 상상해보세요. 당신은 야외 활동에 대한 이야기를 나누고 있습니다.

Q5 Where is the nearest park in your area, and why do you go there?

A5 The nearest park is pretty close to my home, and it takes about half an hour to get there on foot.
I usually go there to get some exercise or to get some fresh air.

Q5. 당신의 동네에서 가장 가까운 공원은 어디에 있나요 그리고 왜 그곳에 가나요?
A5. 가장 가까이에 있는 공원은 저희 집에서 멀지 않고, 걸어서 30분 정도 걸립니다.
저는 주로 운동을 하거나 바람을 쐬기 위해 그곳에 갑니다.

Q6 How is the weather like in your area at this time of the year?

A6 The weather is getting colder and colder in my area.
The place where I live is freezing cold at this time of the year.

Q6. 일 년 중 이 맘 때 당신이 사는 동네의 날씨는 어떤가요?
A6. 저희 동네의 날씨는 점점 추워지고 있습니다.
제가 사는 곳은 일 년 중 이 맘 때 매우 춥습니다.

Q7 Could you tell me some outdoor activities I can enjoy in your area?
Why would you recommend those activities?

A7 I recommend you to go to a park near my home, because you can enjoy all sorts of activities there.
You can ride bikes, take walks or take pictures of beautiful flowers.
Also, they have great sports facilities, so you can play sports like badminton and baseball.
I think parks are one of the best places to enjoy outdoor activities.

Q7. 당신의 동네에서 즐길 만한 야외 활동에 대해 말해줄 수 있나요?
왜 그런 활동을 추천하시나요?
A7. 저희 집 근처에 있는 공원에 갈 것을 추천합니다. 왜냐하면 그곳에서는 각양각색의 활동들을 즐길 수 있기 때문입니다.
자전거를 탈 수 있고, 산책하거나 예쁜 꽃 사진을 찍을 수도 있습니다.
그리고, 괜찮은 스포츠 시설을 갖추고 있어서, 배드민턴과 야구같은 스포츠도 할 수 있습니다.
공원은 야외 활동을 즐기기 가장 좋은 장소 중 하나라 생각합니다.

Imagine that you are talking on the phone with a friend. You are talking about apartments and houses.

Q5 How long have you lived in your current home, and do you plan on moving in the future?

A5 I have lived in my current home for about four and a half years and I am thinking of moving to a new place a few years later.
It depends on the situation.

Q6 How often do you usually walk to places near your home, and where do you usually go?

A6 I walk to places near my home at least once a week on average, and I go to a supermarket to get groceries most often.

Q7 What are some advantages of living in an apartment instead of living in a house?

A7 I think there are several advantages of living in an apartment.
Apartments these days are equipped with modern appliances that make people's lives more convenient.
Plus, if you live in an apartment, you will have a lot of neighbors around you, which means you will have a better chance to socialize with various people.

친구와 전화하고 있다고 상상해보세요. 아파트와 주택에 대한 이야기를 나누고 있습니다.

Q5. 현재 살고있는 집에서 얼마나 살았고, 앞으로 이사 갈 계획이 있나요?
A5. 현재 살고 있는 집에서 4년반 정도 살았고, 몇 년 뒤에 이사 갈 생각입니다.
상황을 좀 봐야 알 것 같습니다.

Q6. 집 근처에 있는 장소에 얼마나 자주 걸어다니고, 어디를 주로 가나요?
A6. 저는 평균적으로 최소 일주일에 한 번은 집 근처에 있는 장소에 걸어다니고, 저는 장을 보기 위해 슈퍼마켓에 가장 자주 가는 편입니다.

Q7. 주택에 사는 것에 비해 아파트에 사는 것에 대한 장점들은 무엇이 있을까요?
A7. 아파트에 사는 것에 대해 몇 가지 장점들이 있다고 생각합니다.
요즘 아파트는 사람들의 삶을 편하게 만들어주는 최신 가전들을 구비하고 있습니다.
그리고, 아파트에 살면, 많은 이웃들이 있을 것이고, 그 의미는 다양한 사람들과 어울릴 수 있는 기회가 있다는 뜻이기도 합니다.

Imagine that a college student is writing a report about playing game on devices. You have agreed to participate in a telephone interview about online games.

Q5 When was the last time you played a game and was it an online game?

A5 The last time I played a game was a couple of days ago.

Q6 Do you prefer to play traditional games or online games? Why?

A6 Well, I think it actually depends on my mood that day.
Sometimes, I like to play traditional games,
but sometimes, I like to play online games as well.

Q7 Do you think it is good for children to play online games? Why or why not?

A7 I think it is good for children to play online games if they do it in moderation.
Playing games moderately can motivate students to study harder,
because they can relieve stress by doing so.
Then, they are more likely to do better in school.

한 대학생이 디바이스를 이용한 게임에 대하여 보고서를 작성하고 있다고 상상해보세요. 당신은 온라인 게임에 대한 전화 인터뷰에 응할 것을 동의한 상황입니다.

Q5. 가장 최근에 게임을 한 것이 언제인가요? 그리고 그것은 온라인 게임이었나요?
A5. 가장 최근에 게임을 했던 것은 몇 일 전이었습니다.

Q6. 전통 게임을 선호하나요 아니면 온라인 게임을 선호하나요? 왜 그런가요?
A6. 글쎄요, 제 생각에는 그날의 제 기분에 따라 다른 것 같습니다.
어떨 때는 전통 게임을 하고 싶은 날도 있고, 어떨 때는, 온라인 게임을 하고 싶기도 합니다.

Q7. 게임을 하는 것이 어린이들에게 좋다고 생각하나요? 왜 그런가요 혹은 왜 그렇지 않나요?
A7. 저는 어린이들이 적당히 한다면 게임을 하는 것이 좋다고 생각합니다.
적당히 게임을 하는 것은 아이들이 공부를 열심히 하게 되는 동기를 유발할 것입니다.
왜냐하면 게임을 함으로써 스트레스를 해소할 수 있기 때문입니다.
그러면 그들은 학교생활도 더 잘하게 될 가능성이 높아집니다.

Imagine that a marketing company is doing research in your area. You have agreed to participate in a telephone interview about home appliances.

Q5 How often do you get home appliances and when was the last time you bought them?

A5 I get home appliances whenever I need to, and the last time I bought them was a few months ago.

Q6 Where is the best place to buy home appliances in your area and why?

A6 The best place to buy home appliances is a shopping center near where I live.
There are various types of home appliances there and they also have good prices.

Q7 What kind of home appliance do you use most often and why?

A7 I think I use the microwave most often.
That's because I can cook things more easily with the microwave.
I don't have to waste too much time cooking and can save a lot of time and energy.
I always like to spend my time efficiently when I cook something.

어느 마케팅 회사가 당신이 사는 지역에서 설문조사를 하고 있다고 상상해보세요. 당신은 가전제품에 대한 전화 인터뷰에 응할 것을 동의한 상황입니다.

Q5. 얼마나 자주 가전제품을 구매하나요, 그리고 가장 최근에 가전제품을 구매한 것은 언제인가요?
A5. 저는 필요할 때 마다 가전제품을 구매하고 가장 최근에 구매한 적은 몇 달 전이었습니다.

Q6. 당신이 살고 있는 동네에서 가전제품을 사기에 가장 좋은 곳은 어디인가요? 왜 그런가요?
A6. 가전제품을 사기에 가장 좋은 장소는 제가 사는 곳 근처에 있는 한 쇼핑센터입니다.
그곳에는 다양한 종류의 가전제품들이 있고 가격대도 저렴합니다.

Q7. 어떤 종류의 가전제품을 가장 많이 사용하나요? 왜 그런가요?
A7. 저는 전자레인지를 가장 자주 사용하는 것 같습니다.
왜냐하면 전자레인지를 사용하면 음식을 쉽게 할 수 있기 때문입니다.
음식을 하는데 시간을 많이 낭비하지 않아도 되고 시간과 에너지를 아낄 수 있습니다.
저는 음식을 만들 때 항상 시간을 효율적으로 쓰는 것을 좋아합니다.

Q 5-7

Imagine that your city is planning to open a new park. You have agreed to participate in a telephone interview about parks.

당신이 살고 있는 도시가 새로운 공원을 개장하기위해 준비하고 있다고 상상해보세요. 당신은 공원에 대한 전화 인터뷰에 응할 것을 동의한 상황입니다.

Q5 How far from your home is the nearest park?

A5 It takes about twenty minutes by car to get to the nearest park from my home.

Q5. 가장 가까운 공원은 당신의 집에서 얼마나 먼가요?
A5. 우리집에서 가장 가까운 공원까지 차로 20분 정도 걸립니다.

Q6 Do you go to parks more often this year than you did last year? Why or why not?

A6 I think I go to parks more often this year, because I'm interested in getting exercises at the park these days.

Q6. 작년보다 올해 더 공원을 자주 가나요? 왜 그런가요 혹은 왜 그렇지 않나요?
A6. 저는 올해 공원을 더 자주 가는 것 같습니다. 왜냐하면 저는 요즘 공원에서 운동하는 것에 흥미가 생겼기 때문입니다.

Q7 What are some advantages of having more parks in your area?

A7 There are several advantages of having more parks in my area.
I think the biggest advantage is that I can enjoy various types of activities at parks more easily.
For instance, I can ride bikes or play sports more often. I can also take walks at parks to get some air.
Parks are one of the best places to get some exercise.

Q7. 당신이 살고 있는 지역에 공원이 더 많이 있는 것에 대한 장점은 무엇이 있나요?
A7. 제가 살고 있는 지역에 공원이 더 많은 것에 대한 장점이 몇 가지 있습니다.
가장 큰 장점은 공원에서 다양한 활동들을 더 쉽게 즐길 수 있다는 점이라 생각합니다.
예를 들어, 공원에서 자전거를 타거나 스포츠를 할 수 있습니다. 바람을 쐬기 위해 산책도 할 수 있습니다.
공원은 운동을 하기에 가장 좋은 장소 중 하나라고 생각합니다.

Note

Q 8-10

정보를 이용해 답변하기
Respond to questions
using information provided

Q 8-10은 **질문에서 요구하는 정보를 표에서 찾아 질문자에게 전달하는 문제**가 주어지는 파트입니다.

표가 화면에 먼저 보여지고 이에 대해 숙지할 수 있는 45초의 준비 시간이 주어집니다. 표는 준비 시간이 끝나도 사라지지 않고, 바로 이어서 8번부터 10번까지 질문의 음성이 순차적으로 제시됩니다.

질문자에게 실제 정보를 전달한다는 느낌으로 요청하는 정보를 표에서 빠르게 찾아 완전한 문장으로 전달해야 합니다.

▶ 자가 진단 리스트

1 제한 시간 내에 모든 질문에 답변을 하였는가?

YES ☐ NO ☐

2 질문에서 요청하는 정확한 정보를 주었는가?

YES ☐ NO ☐

3 발음 및 강세에 유의하여 답변하였는가?

YES ☐ NO ☐

4 단어가 아닌 완전한 문장으로 정보를 전달하였는가?

YES ☐ NO ☐

INTRO

1 시험정보

문제 번호	준비 시간	답변 시간	평가 점수
Question 8-10 (연계 3문항)	표 읽기 : 45초 답변 준비 : 문항당 3초씩	Q8 : 15초 Q9 : 15초 Q10 : 30초	문항당 0 ~ 3점

평가 기준

- 발음, 강세, 억양 기반의 전달력
- 응집성이 느껴지는 완전한 문장 구성력
- 문법과 문장 완성도
- 요청한 질문에 대해 충분하며 직접적인 정보 전달 여부

빈출 지문 유형

❶ 행사 일정표   ❷ 면접 일정표   ❸ 수업 일정표

❹ 회의 일정표   ❺ 업무 일정표   * 이력서, 출장 일정표 – 가끔 출제됨

2 출제 경향

다양한 시간대별로 일정이 기재된 행사 일정표 형식이 가장 빈번하게 출제되며, 월별, 날짜별, 시간별, 요일별 등 여러 가지 표가 존재한다. 이밖에도 이력서, 출장 일정표 등 특수한 정보에 대해 전달해야 하는 경우도 있지만 드물게 출제되는 편이다.

이 파트의 출제 목적은 질문자의 정보 요청 혹은 확인 요청에 따라 표에 기재된 내용 외에 전치사, 관사, 대명사, 동사 등을 사용하여 완전한 문장으로 가공 및 완성도 높은 정보로 전달할 수 있는지를 평가하기 위함이다. 다시 말해 전달하는 정보가 완전한 문장인지, 질문 요지에 부합하는 충분한 정보를 포함하였는지에 초점을 두고 평가한다. 때문에 해당 파트에서는 표에서 정보를 찾는 훈련보다는 다양한 정보의 성격에 따라 문장을 만들기 위해 필요한 전치사 등 문장 기능어들의 용례들을 학습할 필요가 있다.

또한 문항별로 질문의 성격이 정형화되어있기 때문에 표의 종류에 따라 8, 9, 10번 각 문항의 질문에 대해 어떤 형식의 답변을 해야 하는지 사전 대비가 필요하다. 수험자의 시각적 관찰력이 아닌 언어적 정보 전달 능력을 평가하는 파트라는 사실을 잊지 말자.

3 시험화면

TOEIC Speaking

Questions 8-10: Respond to questions using information provided

Directions:

In this part of the test, you will answer three questions based on the information provided. You will have 45 seconds to read the information before the questions begin. You will have three seconds to prepare after you hear each question. You will have 15 seconds to respond to Questions 8 and 9 and 30 seconds to respond to Question 10.

안내문

표의 정보를 파악할 시간 45초, 문항별 준비 시간 각 3초와 답변 시간으로 8, 9번은 15초, 10번은 30초가 주어진다는 안내 음성과 함께 같은 내용이 화면에 텍스트로 보여진다.

TOEIC Speaking
Question 8 / 9 / 10 of 11

Annual Conference for Gardening Professionals
Sunshine Hotel, Conference room 203
Tuesday, November 22
admission: $75

Time	Schedule
9:00AM – 10:00AM	Welcome Address
10:00AM – 11:00AM	Lecture: Gardening with Less Water
11:00AM – NOON	~~Workshop: Maintaining City Gardens~~ Canceled
NOON – 1:00AM	Lunch
1:00AM – 2:00AM	Panel Discussion: The Importance of Saving Water

PREPARATION TIME
00 : 00 : 45

표 제시 45초

표가 화면에 제시되고, "Begin preparing now."라는 음성이 나온다. 이어지는 'beep' 소리 이후 45초의 표 내용 숙지 시간이 주어진다.

TOEIC Speaking
Question 8 / 9 / 10 of 11

Annual Conference for Gardening Professionals
Sunshine Hotel, Conference room 203
Tuesday, November 22
admission: $75

Time	Schedule
9:00AM – 10:00AM	Welcome Address
10:00AM – 11:00AM	Lecture: Gardening with Less Water
11:00AM – NOON	~~Workshop: Maintaining City Gardens~~ Canceled
NOON – 1:00AM	Lunch
1:00AM – 2:00AM	Panel Discussion: The Importance of Saving Water

PREPARATION TIME	RESPONSE TIME
00 : 00 : 03/03/03	00 : 00 : 15/15/30

준비 시간 3초/3초/3초
답변 시간 15초/15초/30초

준비시간 종료 후에도 표는 화면에 계속 보여지고 8, 9, 10번 문제가 차례대로 음성으로 제시된다. "Begin preparing now."와 이어지는 'beep' 소리 이후 각 문항당 3초씩의 준비 시간이 주어지고 다시 'beep' 소리 이후 각 15초, 15초, 30초씩의 답변 시간이 주어진다.

INTRO ◀ 125

고득점 보장 **고득점 공략법** Q 8-10

핵심만 한방에!

Q 8-10은 화면에 제시되는 표 형식의 정보를 보고 이에 관한 질문에 답변을 하는 일종의 정보 전달 롤플레이 유형이다. 질문이 음성으로만 제공되므로 문항별로 질문자가 원하는 정보가 무엇인지 정확하게 파악하는 것이 가장 중요하다. 또한 표의 종류별로 정형화된 질문들이 출제되므로 기출 문제의 성격을 최대한 많이 이해하고 있어야 한다. 단순 정보를 단답형으로 전달하는 유형이라 다채로운 표현력은 필요하지 않으며, 사족이 될 수 있는 개인적인 견해는 배제하고 질문에 대한 정보만 정확하게 전달하여 어법 실수를 줄이는 것이 고득점의 지름길이다.

1 고득점 보장! 답변 가이드

❶ 문제를 들으며 동시에 표에서 관련 어휘를 찾아 답변 준비를 한다.

답변 준비 시간이 짧으니 문제를 들으면서 동시에 답변 준비를 해야 한다. 질문에서 요구하는 정보와 동일한 혹은 관련된 키워드를 표에서 빠르게 확인한다.

Q What is the date of the conference and what time does registration start?
컨퍼런스의 날짜는 언제이고 접수는 몇 시에 시작하나요?

Association of Tennis Coaches Annual Conference 테니스 코치 연합 연례 컨퍼런스 Maryland Hotel 메릴랜드 호텔 Sunday, August 15th 일요일, 8월 15일	
Time 시간	Schedule 일정
8:00 AM-8:30 AM	Registration 접수
8:30 AM-10:00 AM	Lecture : Developing Your Coaching Style 강연 : 지도 스타일 개선하기
10:00 AM-NOON	Discussion : Coaching Beginners 토론 : 입문자 지도하기
NOON-1:00 PM	Lunch with Jonathan Patton (Tennis champion) Jonathan Patton (테니스 챔피언)과의 점심
1:00 PM-2:00 PM	Lecture : Management for High School Tennis Teams 강연 : 고등학교 테니스 팀 운영 관리
2:00 PM-4:00 PM	Coffee Break 휴식
4:00 PM-5:00 PM	Workshop : Training Exercises for Beginner Levels 워크숍 : 입문자를 위한 트레이닝 운동
5:00 PM-6:00 PM	Networking Reception 다과회

→ 질문의 키워드 date, registration start를 듣는 즉시 표에서 관련 위치를 찾아 표시해 두자. 표의 정보를 미리 읽을 수 있는 준비 시간 45초가 주어지니 이때 주요 정보들의 위치를 잘 기억해 두어야 한다.

❷ 개인적 견해는 배제된 표에 기재된 정보에 입각한 사실 위주로 답변한다.

Q What is the date of the conference and what time does registration start?
컨퍼런스의 날짜는 언제이고 접수는 몇 시에 시작하나요?

안 좋은 답변의 예시 X

You mean the date? 날짜 말이에요? → 사족

Sunday, August 15th. 일요일, 8월 15일 → 문장 완성도 떨어짐

Wow, I think the registration starts too early. 와, 접수가 너무 일찍 시작하는 것 같네요.
→ 표의 정보가 아닌 개인의 생각

모범 답변의 예시 O

The conference will take place on Sunday, August 15th, 컨퍼런스는 8월 15일 일요일에 진행될 예정입니다.
and the registration will start at 8am. 그리고 접수는 8시에 시작합니다. → 사실에 입각한 정보만 전달

❸ 질문에 대해 선 답변 후 상세정보를 제공한다.

Q I heard that we will get to have lunch with Jonathan Patton. Right?
Jonathan Patton과 점심을 먹게 될 것이라 들었습니다. 사실인가요?

안 좋은 답변의 예시 X

Jonathan Patton is the tennis champion. Jonathan Patton은 테니스 챔피언입니다.
Lunch is at noon for an hour. 점심은 정오에 한 시간동안 진행됩니다.
→ 사실인지 묻는 질문에 대한 답변이 아님

모범 답변의 예시 O

Yes, you've got the right information. 네, 정확한 정보를 알고계시네요. → 질문에 대한 정확한 답변
Lunch with Jonathan Patton is at noon. Jonathan Patton과의 점심은 정오에 있습니다. → 뒷받침하는 정보

2

❶ 표의 정보를 완전한 문장으로 서술할 때 정확한 전치사를 사용

Q 8-10의 주요 미션은 표에 기재되어 있는 최소한의 정보를 여러 기능어(대명사, 전치사, 관사 등)와 결합하여 문장의 형태로 풀어내야 것으로, 수험자의 영어 기초 문법과 어법에 대한 이해 여부를 전치사 등의 기능어 사용 실력을 통해 평가한다. 다시 말해, 전치사를 제대로 사용하는 것이 Q 8-10 고득점의 관건이다.

시간 관련 전치사의 사용

at 10am → 정확한 시간

from 2pm to 3pm → 시간의 구간

from May 12th to June 2nd → 날짜의 구간

from 2018 to 2019 → 년도의 구간

on Friday → 요일

on August 8th → 날짜

on Friday, May 22nd → 요일 + 날짜

in September → 월

in 2007 → 년도

장소 관련 전치사의 사용

at Brisbane College → 고유명사 + 학교

at Ronald Construction → 고유명사 + 회사

at the Lexington Art Center → 고유명사 + 일반 기관

at the Parker Agency → 고유명사 + 일반 기관

at the Highview Hotel → 고유명사 + 일반 기관

in Hong Kong → 도시, 국가

in conference room B → 가까운 작은 장소, 공간

기타 전치사의 사용

a lecture on new technology → 주제를 연결할 때

a presentation on stars → 주제를 연결할 때

it is by Tony Miller → 행위자(~에 의해)

worked as a manager → 자격(~로서)

applied for the assistant manager position → 직책(~직책에)

an interview with Jamie Brown → 대상을 연결할 때(~와의)

❷ 답변의 완성도를 높이기 위해 필요한 문장 및 문구

질문자의 요청에 대한 정보를 제공하는 일종의 롤플레잉 질의 문답 형식에 필요한 문구들을 미리 익혀서 여러 가지 질문 종류에 따라 빠른 답변이 가능하도록 대비하자.

부탁 조의 요청형 질문에 대해 답변할 때

Sure. 네 물론이죠.

Sure thing. 네 물론이죠.

일정의 장소, 날짜, 시간 등의 진행 정보를 전달할 때

The 일정 will take place at/in/on _____. 그 일정은 ~에서/에 실시될 것입니다.

The 장소 will be held at/in/on_____. 그 장소는 ~에서/에 개최될 것입니다.

표에 기재된 내용에 입각한 사실임을 강조할 때

On the schedule it says, 일정표에 기재되어 있기를.

According to the schedule, 일정표에 의하면.

According to what is written on the schedule, 일정표에 기재된 바에 의하면.

질문이 표의 정보와 일치함을 전달할 때

Yes, you're right. 네, 맞습니다.

Yes, that's correct. 네, 맞습니다.

질문이 표의 정보와 일치하지 않음을 전달할 때

No, I don't think so. 아니요, 그런 것 같지 않습니다.

No, that's incorrect. 아니요, 그렇지 않습니다.

No, I'm afraid not. 아니요, 그런 것 같지 않습니다.

No, I'm think you've got the wrong information. 아니요, 잘못된 정보를 알고 계신 듯합니다.

유형훈련

◀◀◀ 1 ▶▶▶ 날짜별 행사 일정표

STEP 1 제시된 표 살펴보기 🔊 P4_01

Having and Jackson Bookstore
December event schedule

Having and Jackson 서점
12월 행사 일정

Date 날짜	Time 시간	Event 행사
Dec 3	1:00 pm – 2:00 pm	**Story Time** : age 4 - 7 책 읽어 주기 : 4세 – 7세
Dec 13	9:00 am – 10:00 am	**Book signing** : John Willington 책 사인회 : John Willington
Dec 15	Noon – 1:30 pm	**Book discussion** : all ages 독서 토론 : 전 연령
Dec 20	11:00 am – Noon	**Story writing workshop** : Materials provided 이야기 글쓰기 워크숍 : 준비물 제공됨
Dec 22	10:00 am – 11:00 am	**Lunch time book review** : Lunch provided 점심시간 독서 후기 : 점심 제공됨
Dec 30	10:00 am – Noon	**Book signing** : Fiona Gibson 책 사인회 : Fiona Gibson

Hi, I am interested in some of the bookstore events this month.
I hope you can answer my questions.

안녕하세요, 저는 이번 달에 서점에서 진행되는 행사에 관심 있습니다. 제 질문에 대해 답변해 주셨으면 합니다.

고득점 가이드 준비시간을 활용하여 대비할 수 있는 주요 어휘

▸ 날짜 앞에   on
▸ 시간 구간 사이에   from과 to
▸ 일정의 종류와 참여 연령층 사이에   for
▸ 일정의 종류와 진행자 사이에   by
▸ 미래 수동형 provided 앞에   will be

Q8　What is the date for this month's writing workshop? And what time does it start?

이번 달 글쓰기 워크숍의 날짜는 언제인가요? 그리고 몇 시에 시작하나요?

▶ 질문 유형 : 행사의 날짜와 시간 묻는 유형

A8　This month's writing workshop will take place on December 20th.
It will start at 11am.
Also, materials will be provided on the spot for that event.

이번 달 글쓰기 워크숍은 12월 20일에 진행될 예정입니다. 그것은 11시에 시작합니다. 그리고 그 행사의 준비물은 현장에서 제공됩니다.

Q9　I heard that there will be a lunch time book review event. Would I need to bring my own lunch?

점심 시간 독서 후기 행사가 있다고 들었습니다. 제가 점심을 따로 챙겨가야 하나요?

▶ 질문 유형 : 사실 확인 유형

A9　No, I don't think so.
On the schedule, it says lunch will be provided for that event.
So, you won't need to bring your own lunch.

아니오, 그렇지 않은 것 같습니다.
일정표에 그 행사에 대해서는 점심이 제공된다고 쓰여 있습니다. 그래서, 점심을 따로 챙겨 올 필요가 없습니다.

Q10　I am planning to attend the events that take place in the afternoon.
Could you tell me details about all the events that are in the afternoon?

오후에 진행되는 행사에 참여할 생각이 있습니다. 오후에 진행되는 모든 행사에 대해 자세히 말해주실 수 있나요?

▶ 질문 유형 : 관심 있는 소재에 대해 두 개 이상의 행사 정보 묻는 유형

A10　Sure, there will be two events that will take place in the afternoon according to the schedule.
One is story time event for ages 4 to 7 on December 3rd from 1pm to 2pm.
The other one is book discussion event for all ages
on December 15th from noon to 1:30pm.

물론이죠. 일정표에 따르면 오후에 진행되는 행사는 두 개가 있습니다. 하나는 12월 3일 1시에서 2시까지 진행되는 4세에서 7세를 위한 책 읽어 주기 행사입니다. 또 하나는 12월 15일 정오에서 1시 반까지 진행되는 전 연령층을 위한 독서 토론 행사입니다.

월별 행사 일정표

City Hall Central Conference Center   시청 센트럴 컨퍼런스 센터
Seminar Room Reservations 2019 (Sat, Sun)   2019년 세미나실 예약 (토, 일)

Date 월	Time 시간	Event 행사	Note 비고
April	3:00 PM ~ 5:00 PM	Movie Club Meeting 영화 동호회 미팅	Materials needed 준비물 필요함
May	8:00 AM ~ 10:00 AM	Poetry Reading 시 낭송하기	115 chairs needed 115개의 의자 필요함
June	1:00 PM ~ 5:00 PM	Children's Book Club 어린이 독서 클럽	
July	9:00 AM ~ 11:00 AM	Used Book Sale 중고 책 판매	7 tables needed 7개의 테이블 필요함
August	4:00 PM ~ 7:00 PM	Photography Club Meeting 사진 동호회 미팅	
September	5:00 PM ~ 10:00 PM	Small Business Association Meeting 중소 기업 연합회 미팅	
October	7:00 PM ~ 10:00 PM	Student Union Meeting 학생회 미팅	

Hi, It's Lisa. I work at the City Hall Central Conference Center.
I was hoping you'd be able to give me some information about the monthly schedule.

안녕하세요, Lisa입니다. 저는 시청의 센트럴 컨퍼런스 센터에서 근무합니다. 월별 일정에 대한 정보에 대해 알려주셨으면 합니다.

고득점 가이드   준비시간을 활용하여 대비할 수 있는 주요 어휘

▸ 월 앞에   in

▸ 시간 구간 사이에   from과 to

▸ 미래 수동형 needed 앞에   will be

빈출도 ★★★★★

Q8 What is the first event, and what month is it in?

첫 번째 행사는 무엇이고, 몇 월에 하나요?

▶ 질문 유형 : 행사 주제와 시기 묻는 유형

A8 The first event is the movie club meeting in April from 3pm to 5pm.
Also, materials will be needed for that event.

첫 번째 행사는 4월에 3시부터 5시까지 진행하는 영화 동호회 미팅입니다. 그리고 그 행사에 대해서는 준비물이 필요합니다.

빈출도 ★★★★★

Q9 The last time I checked, we didn't have anything booked after September. Am I right?

제가 마지막으로 확인했을 때는 9월 이후의 예약건은 없었습니다. 맞나요?

▶ 질문 유형 : 사실 확인 유형

A9 No, I don't think so.
On the schedule, it says the student union meeting will take place in October.
So, we do have a session booked after September.

아니오, 그렇지 않은 것 같습니다.
일정표에, 학생회 미팅이 10월에 있다고 쓰여 있습니다. 그래서, 9월 이후에 예약된 일정이 있는 것이 됩니다.

빈출도 ★★★★

Q10 I am responsible for setting up the seminar room for all the events in the morning.
Can you give me all the details of any events that starts before noon?

저는 오전에 진행되는 일정에 대한 세미나실 세팅을 담당하고 있습니다.
정오 이전에 진행되는 모든 일정에 대해 자세히 말해주실 수 있나요?

▶ 질문 유형 : 시간을 기준으로 두 개 이상의 행사 묻는 유형

A10 Sure, there will be two events in the morning according to the schedule.
One is poetry reading event in May from 8am to 10am.
Also, hundred and fifteen chairs will be needed for that session.
The other one is used book sale event in July from 9am to 11am, and seven tables will be needed for that session.

물론입니다. 일정표에 따르면 오전에 진행되는 행사는 두 개가 있습니다.
하나는 5월에 8시부터 10시까지 진행되는 시 낭송 행사입니다.
그리고, 그 일정에는 115개의 의자가 필요합니다.
또 하나는 7월에 9시부터 11시까지 진행되는 중고 책 판매 행사입니다. 그리고 그 일정은 7개의 테이블이 필요합니다.

Q 8-10

Staff Meeting 직원 회의
Friday, November 21 금요일, 11월 21일

10:00 - 10:15 am	**Monthly report** 월별 보고	Human Resources 인사과 (Kimberly Watson)
10:15 - 10:30 am	**Updates on software programs** 소프트웨어 프로그램 업데이트 - *New software : available from next Tuesday* 　새로운 소프트웨어 : 차주 화요일부터 사용 가능 - *Training session needed* 　교육 시간 필요함	operations manager 운영 매니저 (David Yu)
10:30 - 11:00 am	**Goals for the next season** 다음 분기 목표 - *upcoming project : team leaders* 　다가오는 프로젝트 : 팀장들 - *budget : cutting spending* 　예산 : 지출 절감	lead consultant 컨설턴트 팀장 (Jason Parker)
11:00 - 11:15 am	**Questions and Answers** 질의응답	

Hi, this is Stephanie. I don't have the latest copy of tomorrow's meeting agenda.
I am hoping you can answer some questions for me.

안녕하세요, Stephanie입니다. 내일 회의 일정에 대한 최신 복사본이 없습니다. 제 질문에 대해 답변해 주셨으면 합니다.

고득점 가이드　준비시간을 활용하여 대비할 수 있는 주요 어휘

▸ 요일, 날짜 앞에　　　　　　on
▸ 시간 구간 사이에　　　　　from과 to
▸ 일정의 종류와 진행자 사이에　by

Q8 What time does the updates on software programs start, and who will be speaking about that topic?

소프트웨어 프로그램 업데이트는 몇 시에 시작하고 누가 그 주제에 대해 발표하나요?

▸ 질문 유형 : 특정 주제의 시간과 발표자 묻는 유형

A8 The updates on software programs will start at 10:15am and David Yu is the speaker.

소프트웨어 프로그램에 대한 업데이트는 10시15분에 시작하고 David Yu가 발표자입니다.

Q9 I don't think I will arrive at meeting until 9a.m. Can you tell me what I will miss?

제가 9시까지 도착하지 못할 것 같습니다. 제가 놓치게 되는 부분이 무엇인지 말해줄 수 있나요?

▸ 질문 유형 : 놓치게 되는 스케줄이 있는지 묻는 유형

A9 On the schedule, it says the meeting will start at 10am.
So you will not miss any session.

일정표에, 회의가 10시에 시작된다고 쓰여 있습니다.
그래서 당신은 놓치게 되는 부분이 없습니다.

Q10 I know we will be talking about some goals for the next season.
Can you give me all the details about the discussion on goals for the next season?

다음 분기의 목표에 대해서 이야기 한다고 알고 있습니다.
다음 분기의 목표에 대한 토론에 대해 자세히 말해줄 수 있나요?

▸ 질문 유형 : 특정 일정 대해 두 가지 이상의 주제 묻는 유형

A10 Sure, Jason Parker, the lead consultant will talk about two things from 10:30am to 11am according to the agenda.
One item is the upcoming projects by team leaders.
The other item is the budget issue on cutting spending.

물론입니다. 일정표에 따르면 10시 반부터 11시까지 컨설턴트 팀장 Jason Parker가 두 가지에 대해 이야기할 예정입니다.
첫 번째 안건은 팀장들에 의해 진행되는 다가오는 프로젝트입니다.
또 하나의 안건은 지출 절감에 대한 예산 문제입니다.

Q 8-10

Franklin Business Center
Business and Marketing Courses
June 12 ~ August 5   Price : $135/Course

프랭클린 비지니스 센터
비지니스와 마케팅 과정
6월 12일 ~ 8월 5일   가격 : 135달러/과정

TIME (p.m.)	COURSE	MON	TUE	FRI
4:00 ~ 5:00	Financial planning 재무 계획	Eric Stuart		
5:00 ~ 6:00	Introduction to marketing 마케팅 입문	Duke Bergs		
6:30 ~ 7:30	Introduction to accounting 회계 입문		John Woods	
7:15 ~ 8:15	Basics of smaller business 소규모 비지니스의 기초			Gregory Smith
8:00 ~ 9:00	Advertising and public relations 광고와 홍보			Nick Jones
8:15 ~ 9:15	Communicating with customers 고객과 소통하기		Duke Bergs	

Hello, I'm interested in taking some business courses at your center.
Could you answer some of my questions?

안녕하세요, 저는 당신의 센터의 비지니스 과정 수강에 관심이 있습니다. 제 질문에 대해 답변해 주실 수 있나요?

고득점 가이드   준비시간을 활용하여 대비할 수 있는 주요 어휘

▸ 날짜 구간 사이에	from과 to
▸ 요금과 단위 사이에	per
▸ 과정과 제목 사이에	on
▸ 진행자 앞에	by
▸ 요일 앞에	on
▸ 시간 구간 사이에	from과 to

빈출도 ★★★★★

Q8 How much does each course cost, and when does the course period begin?

각 과정의 수강료는 얼마이고, 개강일은 언제인가요?

▸ 질문 유형 : 요금 묻는 유형

A8 It is hundred and thirty-five dollars per course, and the course period will start on June 12th.

과정 당 135달러이고, 개강은 6월 12일에 합니다.

빈출도 ★★★★★

Q9 I heard that there is a course called advertising and public relations. That course is on Wednesdays, right?

광고와 홍보 과정이 있다고 들었습니다. 그 과정은 수요일마다 있는거 맞죠?

▸ 질문 유형 : 사실 확인 유형

A9 No, I don't think so.
On the schedule, it says the course on advertising and public relations is on Fridays not on Wednesdays.
It is from 8pm to 9pm.

아니오, 그렇지 않은 것 같습니다.
일정표에는, 광고와 홍보에 대한 과정은 수요일이 아닌 금요일마다 진행된다고 쓰여 있습니다.
해당 과정은 8시부터 9시까지입니다.

빈출도 ★★★★★

Q10 My sister recommended that I should take a course taught by Duke Bergs. So, can you tell me the details of the courses taught by Duke Bergs?

제 여동생이 Duke Bergs의 수업을 수강할 것을 추천해줬습니다.
그래서, Duke Bergs가 가르치는 과정에 대해 자세히 말해줄 수 있나요?

▸ 질문 유형 : 관심있는 강사가 진행하는 두 개 이상의 일정 묻는 유형

A10 Sure, there will be two courses by Duke Bergs according to the schedule.
One is on introduction to marketing from 5pm to 6pm on Mondays.
The other one is on communicating with customers from 8:15pm to 9:15pm on Thursdays.

물론입니다. 일정표에 따르면 Duke Bergs가 진행하는 과정은 두 개 있습니다.
하나는 월요일 5시부터 6시까지 하는 마케팅 입문입니다.
또 하나는 목요일 8시 15분부터 9시 15분까지 하는 고객과의 소통입니다.

Q 8-10

STEP 1 제시된 표 살펴보기 🔊 P4_05

Tod Network, George Albans director 토드 네트워크, 조지 얼반스 부장 Schedule: February 22 일정 : 2월 22일		
Meeting 미팅	**Rehearsal** 리허설	**Interview** 인터뷰
9:00 - 10:00 am Producers 제작자	11:00 am - 1:00 pm Main Actors 주연 21st floor, Acting Studio 21층, 연기 스튜디오	1:00 - 1:30 pm Woodgate Agency Woodgate 에이전시 *Elenor Stweart*
10:00 - 11:00 am Costume Designer 의상 디자이너	3:00 - 6:00 pm All Actors 모든 배우 14th floor, Main Acting Hall 14층, 연기 홀 본관	
1:30 - 3:00 pm Writing Director 작가		
~~6:00 - 6:30 pm~~ Sound Technicians 음향 기술자 * changed : Feb 27th, 5pm 변경 : 2월 27일 5시		

Hi, this is Amelia Mears. I left my schedule sheet on my desk, so I'm hoping you can answer some of my questions.

안녕하세요, Amelia Mears입니다. 제 일정표를 책상에 두고 왔는데, 제 질문에 대해 답변해 주셨으면 합니다.

고득점 가이드   준비시간을 활용하여 대비할 수 있는 주요 어휘

▸ 날짜 앞에	on
▸ 시간 구간 사이에	from과 to
▸ 미팅하는 대상 앞에	with
▸ 리허설 대상 앞에	with
▸ 층수 앞에	on the
▸ 리허설 장소 앞에	at the
▸ 변경된 일정 앞에	changed to / moved to

빈출도 ★★★★★

Q8 I have to give an interview to the Woodgate Agency tomorrow. What time is the interview, and who is it with?

제가 Woodgate 에이전시와 내일 인터뷰가 있습니다. 인터뷰는 몇 시에 진행되고 누구와 하나요?

▶ 질문 유형 : 일정 시간과 면접 대상자를 묻는 유형

A8 The interview is from 1pm to 1:30pm, and it is with Elenor Stewart.

인터뷰는 1시부터 1시 반까지 Elenor Stewart와 합니다.

빈출도 ★★★★

Q9 I will have a meeting with sound technicians in the evening. What time does that start?

저녁 때 음향 기술자들과 미팅이 있습니다. 몇 시에 시작하나요?

▶ 질문 유형 : 변경된 일정에 대해 묻는 유형

A9 On the schedule, it says the meeting with sound technicians has been changed to February 27th, and it will start at 5pm.

일정표에. 음향 기술자들과의 미팅은 2월 27일로 변경되었다고 쓰여 있습니다. 미팅은 5시에 시작합니다.

빈출도 ★★★★★

Q10 Can you tell me about tomorrow's rehearsals in detail?

내일 리허설에 대해 자세히 말해줄 수 있나요?

▶ 질문 유형 : 관심있는 두 개 이상의 일정에 대해 묻는 유형

A10 Sure, there will be two rehearsals according to the schedule.
One is a rehearsal with main actors on the 21st floor at the acting studio. It is from 11am to 1pm.
The other one is a rehearsal with all actors on the 14th floor at the main acting hall. It is from 3pm to 6pm.

물론입니다. 일정표에 따르면 두 개의 리허설이 있습니다.
하나는 주연들과 21층 연기 스튜디오에서 진행하는 리허설입니다. 그것은 11시부터 1시까지입니다.
또 하나는 모든 배우들과 14층 연기 홀 본관에서 진행하는 리허설입니다. 그것은 3시부터 6시까지입니다.

Q 8-10

6 ▶▶▶ 면접 일정표

STEP 1 제시된 표 살펴보기 ◁)) P4_06

Active Sports Magazine Interview schedule 액티브 스포츠 잡지사 면접 일정

Room 110, Oldbury office 110호, Oldbury 사무실   Friday, June 12th 금요일, 6월 12일

	Applicant name 지원자	Position 직책	Notes 비고
11:00 am	Natasha Hall	Assistant manager 대리	
11:30 am	Lex Lee	Graphic designer 그래픽 디자이너	Interview conducted online 온라인으로 면접 진행됨
1:00 pm	James Morrison	Assistant manager 대리	
1:30 pm	Monica Donaldson	Assistant 보조 사원	
2:00 pm	Brett Hunter	Graphic designer 그래픽 디자이너	Not available until August 1 8월 1일 전까지 근무 불가
2:30 pm	Abbey Logan	Web developer 웹 개발자	Telephone interview 전화 면접

Hi, this is Kate. I do not have the schedule for the interviews.
Could you answer a few questions for me?

안녕하세요. Kate입니다. 제가 면접 일정표를 가지고 있지 않습니다. 몇 가지 질문에 대해 답변해 주실 수 있나요?

고득점 가이드   준비시간을 활용하여 대비할 수 있는 주요 어휘

▸ 면접 장소 앞에   in, at the

▸ 요일, 날짜 앞에   on

▸ 시간 앞에   at

▸ 지원자 앞에   with

▸ 직책 앞에   as a(an)

▸ 미래 수동형 conducted 앞에   will be

빈출도 ★★★★★

Q8 Where are the interviews being held?

면접은 어디에서 진행되나요?

▶ 질문 유형 : 일정 장소 묻는 유형

A8 The interviews will take place in Room 110 at the Oldbury office and it is on Friday, June 12th.

면접은 Oldbury사무실 110호에서 6월12일 금요일에 진행될 예정입니다.

빈출도 ★★★★★

Q9 I was very impressed with Monica Donaldson's application materials. She is applying for the manager position, isn't she?

저는 Monica Donaldson의 지원서를 인상 깊게 보았습니다. 그녀는 매니저 직급에 지원하였죠, 그렇지 않나요?

▶ 질문 유형 : 사실 확인 유형

A9 No, I don't think so.
On the schedule, it says she has applied for the assistant position, not the manager position. Her interview will take place at 1:30pm.

아니오, 그렇지 않은 것 같습니다.
일정에는, 그 분이 매니저가 아닌 보조 사무원으로 지원했다고 쓰여 있습니다. 그녀의 면접은 1시 반에 진행될 예정입니다.

빈출도 ★★★★★

Q10 I might be working closely with new graphic designers we hire. Can you give me all the details of interview sessions with anyone who is applying for the graphic designer position?

저는 아마 이번에 채용하는 새로운 그래픽 디자이너들과 가까이 일할 것 같습니다. 그래픽 디자이너에 지원한 사람들에 대한 면접 일정을 자세히 말해줄 수 있나요?

▶ 질문 유형 : 관심있는 대상에 대해 두 개 이상의 정보 묻는 유형

A10 Sure, there will be two interviews with people who have applied for that position.
One is an interview with Lex Lee at 11:30am, and the interview will be conducted online.
The other one is an interview with Brett Hunter at 2pm.
He is not available until August 1st according to the schedule.

물론입니다. 그 직책에 지원한 사람들과의 면접은 두 개가 있습니다.
하나는 11시 반에 Lex Lee와의 면접이고, 그 면접은 온라인으로 진행될 것입니다.
또 하나는 2시에 Brett Hunter와의 면접입니다.
일정표에 따르면 그 분은 8월 1일 전까지는 근무가 불가능하다고 쓰여 있습니다.

Q 8-10

Resume
이력서

Dwane Edwards

 231 Sunnyside Avenue,
Chandler, California 902
231 써니사이드가, 쉔들러, 캘리포니아 902

 (831) 325-0326

Position 직책

- Managing Editor   편집장

Work Experience 이력

- Assistant Editor, Urban Food Magazine (2012 – present)   부편집장, Urban Food 잡지사
- Copy Editor, Top Business Magazine (2010 – 2011)   교열 담당자, Top Business 잡지사
- Writing Instructor, Webster College (2007 – 2009)   글쓰기 강사, Webster 대학교
- Staff Writer, Cash Daily Reporter (2005 – 2006)   전속 작가, Cash Daily 기자

Education 학력

- Master's degree journalism, Mount Clay University (2005)   언론학 석사 학위, Mount Clay 대학교
- Bachelor's degree in Spanish, Tasmania College (2003)   스페인어 학사 학위, Tasmania 대학교

Professional Affiliations 소속

- Member of Author's Club   작가 동호회 회원
- Madison Reporter Society   Madison 기자 동호회

Hi, I am interviewing Dwane Edwards for the editor position. I want to get some information about his qualifications.

안녕하세요, 저는 Dwane Edwards의 편집장 면접을 볼 것입니다. 그 분의 자격 조건에 대한 정보를 얻고 싶습니다.

고득점 가이드 준비시간을 활용하여 대비할 수 있는 주요 어휘

▸ 이력 직책 앞에	as a(an)
▸ 이력 회사 앞에	at
▸ 년도 구간 사이에	from과 to
▸ 학력 전공 앞에	in
▸ 학력 학교 앞에	at
▸ 학력 년도 앞에	in

빈출도 ★★★★

Q8 Which company is Mr. Edwards currently working for?
And what is his position there?

Mr. Edwards는 현재 어떤 회사에서 일하고 있나요? 그리고 그곳에서의 직책은 무엇인가요?

▶ 질문 유형 : 직책과 현재 근무지 묻는 유형

A8 He has worked as an assistant editor at Urban Food Magazine since 2012, and he still works there.

그는 2012년부터 Urban Food 잡지사에서 부편집장으로 일했습니다. 그리고 그는 그곳에 재직 중입니다.

빈출도 ★★★★

Q9 We'd like our new editors to give lectures for new staff members.
Is there anything on his resume that indicates that he will be suitable for giving lectures?

새로운 편집장이 신입 사원들에게 강의를 할 수 있었으면 합니다. 그가 강연을 하기에 적임자라고 판단할 만한 무언가가 이력서에 쓰여 있나요?

▶ 질문 유형 : 적임자 확인 유형

A9 Yes, there is.
On his resume, it says he worked as a writing instructor at Webster College from 2007 to 2009.
So, I am sure he will be suitable for giving lectures.

네, 있습니다.
이력서에 그가 Webster 대학교에서 2007년부터 2009년까지 글쓰기 강사로 일했다고 쓰여 있습니다.
그래서, 그가 강연을 하는데 적임자가 될 수 있다고 확신합니다.

빈출도 ★★★★★

Q10 Can you tell me all the details of Mr. Edward's education?

Mr. Edwards의 학력 사항에 대해 자세히 말해줄 수 있나요?

▶ 질문 유형 : 학력에 대해 묻는 유형

A10 Sure, his resume says that he got his bachelor's degree in Spanish at Tasmania College in 2003.
Also, his resume says that he got his master's degree in journalism at Mount Clay University in 2005.

물론입니다. 그의 이력서에 쓰여 있기를 그가 2003년 Tasmania 대학교에서 스페인어 학사 학위를 받았다고 합니다.
또한, 그의 이력서에는 2005년 Mount Clay 대학교에서 그가 언론학 석사 학위를 받았다고도 쓰여 있습니다.

Q 8-10

Set 1   �))) P4_08 모범답변 P152

TOEIC Speaking

Questions 8-10: Respond to Questions using information provided

Directions:

In this part of the test, you will answer three questions based on the information provided. You will have 45 seconds to read the information before the questions begin. You will have three seconds to prepare after you hear each question. You will have 15 seconds to respond to Questions 8 and 9 and 30 seconds to respond to Question 10.

TOEIC Speaking   Question 8-10 of 11

Climate Change Science Conference
Brooklyn Convention Center

April 9			April 11		
8:30am	Keynote Speech	Holly Jules	9:00am	Workshop ⁝ Data Collection	Louise Parker
10:00am	Plan for International Climate Change		10:30am	Discussion ⁝ Greenhouse Effect	Chris Martin
noon	Lunch		1:00pm	Lunch	
2:30pm	Lecture ⁝ Global Warming	Alex Newman	3:30pm	Closing Ceremony	George Lu

* Parking Lots Available: $7/hour

PREPARATION TIME
00 : 00 : 45

Q8	Q9	Q10

PREPARATION TIME	PREPARATION TIME	PREPARATION TIME
00 : 00 : 03	00 : 00 : 03	00 : 00 : 03
RESPONSE TIME	RESPONSE TIME	RESPONSE TIME
00 : 00 : 15	00 : 00 : 15	00 : 00 : 30

TOEIC Speaking

Questions 8-10: Respond to Questions using information provided

Directions:

In this part of the test, you will answer three questions based on the information provided. You will have 45 seconds to read the information before the questions begin. You will have three seconds to prepare after you hear each question. You will have 15 seconds to respond to Questions 8 and 9 and 30 seconds to respond to Question 10.

TOEIC Speaking	Question 8-10 of 11

Lotus Conference Center

Daily Rate: $43 / Full Conference: $75

May 11	9:30am	**Lecture** : Aspiring Entrepreneurs	Jenny Walker
	11:00am	**Workshop** : Hiring good chefs	Noah Albrow
	2:45pm	**Discussion** : Communicating with customers on Social media	Paul Dorn
May 12	10:00am	**Lecture** : Food Technology and History	Sean Bush
	10:50am	**Discussion** : Business Planning	Bonny Mullet
	1:15pm	**Lecture** : Marketing using Social Media	Ian Kwan

PREPARATION TIME
00 : 00 : 45

Q8	Q9	Q10
PREPARATION TIME	PREPARATION TIME	PREPARATION TIME
00 : 00 : 03	00 : 00 : 03	00 : 00 : 03
RESPONSE TIME	RESPONSE TIME	RESPONSE TIME
00 : 00 : 15	00 : 00 : 15	00 : 00 : 30

TOEIC Speaking

Questions 8-10: Respond to Questions using information provided

Directions:

In this part of the test, you will answer three questions based on the information provided. You will have 45 seconds to read the information before the questions begin. You will have three seconds to prepare after you hear each question. You will have 15 seconds to respond to Questions 8 and 9 and 30 seconds to respond to Question 10.

TOEIC Speaking	Question 8-10 of 11

🛒 Kmart Job Interview
Location: conference room 405

Time	Applicant	Position	Current Employer
1 p.m.	Peter Parker	Assistant manager	T-mart
2 p.m.	Dominique Kim	Cashier	Spring Hill Market
~~3 p.m.~~	~~Wendy Morgan~~	~~Assistant manager~~	Belmont Shopping Mall
4 p.m.	Joshua Lu	Cashier	Spring Hill Market
5 p.m.	Rachel Barry	Store Manager	Sunshine Shopping Mall

PREPARATION TIME
00 : 00 : 45

Q8	Q9	Q10
PREPARATION TIME	PREPARATION TIME	PREPARATION TIME
00 : 00 : 03	00 : 00 : 03	00 : 00 : 03
RESPONSE TIME	RESPONSE TIME	RESPONSE TIME
00 : 00 : 15	00 : 00 : 15	00 : 00 : 30

TOEIC Speaking

Questions 8-10: Respond to Questions using information provided

Directions:

In this part of the test, you will answer three questions based on the information provided. You will have 45 seconds to read the information before the questions begin. You will have three seconds to prepare after you hear each question. You will have 15 seconds to respond to Questions 8 and 9 and 30 seconds to respond to Question 10.

TOEIC Speaking	Question 8-10 of 11

Business Trip Itinerary
Brisbane, October 10th~17th

Flight Information		Date
Depart : Sydney	Delta Airline Flight K72	Oct 10 08:00am
Arrive : Brisbane (* Taxi to Hotel)		Oct 10 09:30am
Depart : Brisbane	Qantas Airline Flight 620	Oct 17 10:00am
Arrive : Sydney		Oct 17 11:30am
* Day-Trip : Industry Complex		Oct 11 02:00pm
* Hotel : Brisbane City Hotel		

PREPARATION TIME
00 : 00 : 45

Q8	Q9	Q10
PREPARATION TIME	PREPARATION TIME	PREPARATION TIME
00 : 00 : 03	00 : 00 : 03	00 : 00 : 03
RESPONSE TIME	RESPONSE TIME	RESPONSE TIME
00 : 00 : 15	00 : 00 : 15	00 : 00 : 30

TOEIC Speaking

Questions 8-10: Respond to Questions using information provided

Directions:

In this part of the test, you will answer three questions based on the information provided. You will have 45 seconds to read the information before the questions begin. You will have three seconds to prepare after you hear each question. You will have 15 seconds to respond to Questions 8 and 9 and 30 seconds to respond to Question 10.

TOEIC Speaking   Question 8-10 of 11

Jeremy Cornell Counselor Manager
Georgia Community House Clinic

Schedule for Friday Dec 18th

7:00-9:00AM	**Meeting** : Information technology department
9:00-10:00AM	**Office work** : Update counseling manual
11:30AM-Noon	**Lunch with new employees**
12:30-2:00PM	~~Interview with Counselor position —~~ ~~Candidate: Kate Miller~~ **Postponed until December 25th**
3:30-4:30PM	**Meeting** : Clinic administration

PREPARATION TIME
00 : 00 : 45

Q8	**Q9**	**Q10**
PREPARATION TIME	PREPARATION TIME	PREPARATION TIME
00 : 00 : 03	00 : 00 : 03	00 : 00 : 03
RESPONSE TIME	RESPONSE TIME	RESPONSE TIME
00 : 00 : 15	00 : 00 : 15	00 : 00 : 30

TOEIC Speaking

Questions 8-10: Respond to Questions using information provided

Directions:

In this part of the test, you will answer three questions based on the information provided. You will have 45 seconds to read the information before the questions begin. You will have three seconds to prepare after you hear each question. You will have 15 seconds to respond to Questions 8 and 9 and 30 seconds to respond to Question 10.

TOEIC Speaking	Question 8-10 of 11

Workshop for Photographers
Chicago Center
Wednesday March 7th

Time	Session	Presenter
9-10AM	Promoting Photos for Business	April Lu
10-11AM	Latest Photo Editing Technology	Jake Tomson
11AM-Noon	Special Event Photography	Jessica Kim
Noon-1PM	Free Lunch (Provided by Eric's Cafeteria)	
1-3PM	Innovative Editing	Venessa Ralston
3-4PM	Building a Loyal Client Base	Jessica Lee

PREPARATION TIME
00 : 00 : 45

Q8	Q9	Q10
PREPARATION TIME	PREPARATION TIME	PREPARATION TIME
00 : 00 : 03	00 : 00 : 03	00 : 00 : 03
RESPONSE TIME	RESPONSE TIME	RESPONSE TIME
00 : 00 : 15	00 : 00 : 15	00 : 00 : 30

Set 7　◀) P4_14 모범답변 P158

TOEIC Speaking

Questions 8-10: Respond to Questions using information provided

Directions:

In this part of the test, you will answer three questions based on the information provided. You will have 45 seconds to read the information before the questions begin. You will have three seconds to prepare after you hear each question. You will have 15 seconds to respond to Questions 8 and 9 and 30 seconds to respond to Question 10.

TOEIC Speaking　　　Question 8-10 of 11

Emmerdale Farm: May Tour
Entrance fee: $20

Date	Time	Event	Notes
May 3	2-3PM	Music at the farm	Free event
May 7	3-5PM	Painting with Flowers	Age 7-12
May 9	1-2PM	Horse Riding	All equipment provided
May 11	10-11AM	Harvesting Carrots	Free samples
May 15	3-5PM	Arts and Crafts	All materials supplied
May 16	10-11AM	Children's farm tour	

PREPARATION TIME
00 : 00 : 45

Q8	Q9	Q10
PREPARATION TIME	PREPARATION TIME	PREPARATION TIME
00 : 00 : 03	00 : 00 : 03	00 : 00 : 03
RESPONSE TIME	RESPONSE TIME	RESPONSE TIME
00 : 00 : 15	00 : 00 : 15	00 : 00 : 30

Note

◀◀◀ SET 01 ▶▶▶   ◀) P4_08

Climate Change Science Conference 기후 변화 과학 컨퍼런스
Brooklyn Convention Center 브루클린 컨벤션 센터

April 9			April 11		
8:30am	Keynote Speech 기조 연설	Holly Jules	9:00am	Workshop 워크숍 : Data Collection 정보 수집	Louise Parker
10:00am	Plan for International Climate Change 국제 기후 변화에 대한 계획		10:30am	Discussion 토론 : Greenhouse Effect 온실 효과	Chris Martin
noon	Lunch 점심		1:00pm	Lunch 점심	
2:30pm	Lecture 강의 : Global Warming 지구 온난화	Alex Newman	3:30pm	Closing Ceremony 폐회식	George Lu

* Parking Lots Available : $7/hour 주차 가능 : 시간당 7달러

Hi, I heard about the upcoming Climate Change Science Conference. I'd like to get a few more details.

Q8 What is the first thing on the schedule, and who will be leading it?

A8 The first thing on the schedule is the **keynote speech** on **April 9th** at **8:30am**, and **Holly Jules** will be leading that session.

Q9 I heard there won't be any parking space at the convention center. Do I have to find outside parking space myself?

A9 No, I don't think so. On the schedule, it says parking lots are **available** at the **convention center**, and the parking fee is **seven dollars per hour.**

Q10 I think I will only be available in the morning on April 11th. Is there any session I can attend in the morning on April 11th?

A10 There are two session in the morning on April 11th according to the schedule. One is a **workshop** on **data collection** by **Louise Parker** at **9am**. The other one is a **discussion** on **greenhouse effect** by **Chris Martin** at **10:30am.**

안녕하세요. 다가오는 기후 변화 과학 컨퍼런스 행사에 대해 들었습니다. 더 자세한 정보를 알고 싶습니다.
Q8. 첫 번째 일정은 무엇이고 누가 진행하나요?
A8. 첫 번째 일정은 4월 9일 8시 30분에 있는 기조 연설이고, Holly Jules가 진행할 예정입니다.

Q9. 컨벤션 센터에 주차 공간은 따로 없다고 들었습니다. 외부 주차 시설을 찾아봐야 하나요?
A9. 아니요, 그렇지 않습니다. 일정표에, 컨벤션 센터에 주차장이 있다고 쓰여 있습니다. 그리고 주차 요금은 시간당 7달러라고 합니다.

Q10. 제가 4월 11일에는 오전에만 시간이 될 것 같습니다. 4월 11일 오전에 참여 가능한 일정이 있나요?
A10. 4월 11일 오전에는 2개의 일정이 있습니다. 하나는 9시 Louise Parker가 진행하는 정보 수집에 관련된 워크숍입니다. 또 하나는 10시 30분에 Chris martin이 진행하는 온실 효과에 대한 토론입니다.

Lotus Conference Center 로투스 컨퍼런스 센터 **Daily Rate: $43 / Full Conference: $75** 하루 요금 : 43달러 / 전체 요금 : 75달러			
May 11	9:30am	Lecture : Aspiring Entrepreneurs 강의 : 잠재력 있는 사업가	Jenny Walker
	11:00am	Workshop : Hiring good chefs 워크숍 : 좋은 요리사 고용하기	Noah Albrow
	2:45pm	Discussion : Communicating with customers on Social Media 토론 : 소셜 미디어에서 고객들과 소통하기	Paul Dorn
May 12	10:00am	Lecture : Food Technology and History 강의 : 음식 기술과 역사	Sean Bush
	10:50am	Discussion : Business Planning 토론 : 비지니스 계획	Bonny Mullet
	1:15pm	Lecture : Marketing using Social Media 강의 : 소셜 미디어를 이용한 마케팅	Ian Kwan

Hi, I'm interested in attending the upcoming conference. I have a few questions.

Q8 Where will the conference take place and what are the dates?

A8 The conference will take place at the Lotus conference center, and it is from May 11th to May 12th.

Q9 I think I can only attend sessions on May 12th. Do I still have to pay the full conference fee?

A9 No, I don't think so.
On the schedule, it says the Daily rate is 43 dollars.
So, you don't have to pay the full conference fee.

Q10 I'm interested in learning about the role of social media in the restaurant business. Could you give me all the details of any sessions related to social media?

A10 Sure, there will be two sessions on social media according to the schedule.
One is a discussion on communicating with customers on social media by Paul Dorn. It is on May 11th at 2:45pm.
The other one is a lecture on marketing using Social Media by Ian Kwan. It is on May 12th at 1:15pm.

안녕하세요. 다가오는 컨퍼런스 참여에 관심이 있습니다. 몇 가지 질문할 것이 있습니다.

Q8. 컨퍼런스는 어디에서 진행되고 날짜는 어떻게 되나요?
A8. 컨퍼런스는 로투스 컨퍼런스 센터에서 진행되고 5월 11일부터 5월 12일까지 입니다.

Q9. 제가 5월 12일만 참여 가능할 것 같습니다. 그래도 전체 요금을 지불해야 하나요?
A9. 아니요. 그렇지 않습니다. 일정표에, 하루 요금은 43달러라고 쓰여 있습니다. 그래서, 당신은 전체 요금을 지불하지 않아도 됩니다.

Q10. 저는 음식점 운영에 있어 소셜 미디어의 기능에 대해 관심이 있습니다. 소셜 미디어와 관련된 모든 일정에 대해 알려줄 수 있나요?
A10. 물론이죠. 일정표에 따르면 소셜 미디어에 대한 일정은 두 개가 있습니다. 하나는 Paul Dorn이 진행하는 소셜 미디어에서 고객들과 소통하기에 대한 토론입니다. 그 일정은 5월 11일 2시 45분에 있습니다. 또 하나는 Ian Kwan이 진행하는 소셜 미디어를 이용하여 마케팅에 대한 강의입니다. 그 일정은 5월 12일 1시 15분에 있습니다.

Kmart Job Interview K마트 직업 면접			
Location: conference room 405 장소 : 컨퍼런스룸 405호			
Time 시간	Applicant 지원자	Position 직책	Current Employer 현재 재직 중인 회사
1 p.m.	Peter Parker	Assistant manager 대리	T–mart T-마트
2 p.m.	Dominique Kim	Cashier 계산원	Spring Hill Market 스프링 힐 마켓
~~3 p.m.~~	~~Wendy Morgan~~	~~Assistant manager~~ 대리	Belmont Shopping Mall 벨몬트 쇼핑몰
4 p.m.	Joshua Lu	Cashier 계산원	Spring Hill Market 스프링 힐 마켓
5 p.m.	Rachel Barry	Store Manager 점장	Sunshine Shopping Mall 선샤인 쇼핑몰

Hi, I think I left the schedule in my office. Could you give me some details about the upcoming interview?

Q8 What time is the first interview and who is it with?

A8 The first interview will take place at 1pm, and it is with Peter Parker.

Q9 From what I remember, we had two candidates for the assistant manager position. Could you confirm if that is still the case?

A9 Sure, the interview with Wendy Morgan who has applied for the assistant manager position has been canceled.
So, there is only one candidate now.

Q10 I heard that applicants from Spring Hill Market are good candidates. Can you give me all the details about candidates from Spring Hill Market?

A10 Sure, there are two applicants from Spring Hill Market. The first applicant is Dominique Kim, and his interview is at 2pm.
The other applicant is Joshua Lu, and his interview is at 4pm. They have both applied for the cashier position.

안녕하세요, 제 사무실에 일정표를 두고 온 것 같습니다. 다가오는 면접에 대해 상세 정보를 알려주실 수 있나요?

Q8. 첫 번째 면접은 몇 시에 진행되고 누구와 하나요?
A8. 첫 번째 면접은 1시에 Peter Parker씨와 있습니다.

Q9. 제가 기억하는 바로는, 두 명의 지원자가 대리에 지원했다고 알고 있습니다. 맞는지 확인 부탁드려도 되나요?
A9. 물론이죠, 대리에 지원한 Wendy Morgan과의 면접은 취소되었습니다. 그래서, 이제는 한 명의 지원자만 있습니다.

Q10. 스프링 힐 마켓 소속의 지원자들이 괜찮은 인재들이라 들었습니다. 스프링 힐 마켓 소속의 지원자에 대해 자세히 알려줄 수 있나요?
A10. 물론이죠, 스프링 힐 마켓 소속의 지원자는 두 명입니다. 한 명은 Dominique Kim이고 그의 면접은 2시에 있습니다. 또 다른 지원자는 Joshua Lu이며 그의 면접은 4시입니다. 두 명 모두 계산원에 지원했습니다.

Business Trip Itinerary 출장 일정표 Brisbane, October 10th– 17th 브리즈번, 10월 10일 – 17일		
Flight Information 항공편 정보		Date 날짜
Depart : Sydney 출발 : 시드니	Delta Airline 델타 항공 Flight K72	Oct 10 08:00am
Arrive : Brisbane 도착 : 브리즈번 (* Taxi to Hotel 호텔까지 택시로 이동)		Oct 10 09:30am
Depart : Brisbane 출발 : 브리즈번	Qantas Airline 콴타스 항공 Flight 620	Oct 17 10:00am
Arrive : Sydney 도착 : 시드니		Oct 17 11:30am
* Day–Trip : Industry Complex 당일 여행 : 산업 단지		Oct 11 02:00pm
* Hotel : Brisbane City Hotel 호텔 : 브리즈번 시티 호텔		

Hi, this is Morgan Wilson. I can't find my itinerary to Brisbane, so I'd like to check on some details with you.

Q8 What time will I be leaving for Brisbane?
Could you give me the flight details?

A8 Sure, you will be leaving for Brisbane on October 10th at 8am, and your flight number is Delta Airline K seven two.

Q9 I remember that I will be staying at the Park Central Hotel. Am I right?

A9 No, I don't think so.
On the itinerary, it says you will be staying at the Brisbane City Hotel, not the Park Central Hotel.

Q10 Could you give me the details about my schedule back to Sydney?

A10 Sure, according to the itinerary, you will leave Brisbane on October 17th at 10am and arrive in Sydney on October 17th at 11:30am.
Your flight number is Qantas Airline, six two o.

안녕하세요. Morgan Wilson입니다. 브리즈번 출장 일정표를 못 찾겠습니다. 그래서 몇 가지 사항을 좀 확인해 주셨으면 합니다.

Q8. 브리즈번으로 몇 시에 출발하나요? 항공편 정보도 알려주실 수 있나요?

A8. 물론이죠. 브리즈번으로 10월 10일 8시에 출발하게 될 것입니다. 그리고 항공편은 델타 항공 k72입니다.

Q9. 제가 파크 센트럴 호텔에 투숙하는 것으로 기억하고 있습니다. 맞나요?

A9. 아니요, 그렇지 않습니다. 일정표에는 당신이 파크 센트럴 호텔이 아닌 브리즈번 시티 호텔에 투숙한다고 써 있습니다.

Q10. 시드니로 돌아가는 일정에 대해 자세히 알려줄 수 있나요?

A10. 물론이죠. 일정표에 따르면, 브리즈번에서 10월 17일 10시에 출발하여 10월 17일 11시 30분에 도착합니다. 항공편은 콴타스 항공 620입니다.

Jeremy Cornell Counselor Manager	
Georgia Community House Clinic	

Schedule for Friday Dec 18th

7:00-9:00AM	**Meeting** : Information technology department
9:00-10:00AM	**Office work** : Update counseling manual
11:30AM-Noon	**Lunch with new employees**
12:30-2:00PM	~~Interview with Counselor position —~~ ~~Candidate: Kate Miller~~ **Postponed until December 25th**
3:30-4:30PM	**Meeting** : Clinic administration

Hi, this is Jeremy Cornell. I seem to misplace my schedule for the counselor managers. I was hoping you could some answer some questions for me.

Q8 I remember that I have a schedule on updating the counseling manual. Could you tell me when I'll be attending the office work regarding the manual?

A8 Sure, You will be attending office work on updating counseling manual from 9 to 10am.

Q9 I have an interview with a candidate that has applied for the counseling position. What time is the interview?

A9 The interview with Kate Miller has been postponed until December 25th.
So, there is no interview at 12:30pm.

Q10 I know that I have some meetings tomorrow. Could you give me all the details about the meetings on my schedule?

A10 Sure, there are two meetings tomorrow.
The first one is on the information technology department, and it is from 7 to 9am.
The other one is on the clinic administration from 3:30 to 4:30pm.

안녕하세요. Jeremy Cornell입니다. 제가 상담사 매니저 일정표를 다른 곳에 두고 온 것 같습니다. 제 질문에 답변해주시면 감사하겠습니다.

Q8. 상담사 매뉴얼 업데이트 건에 대한 일정이 있는 것으로 기억합니다. 매뉴얼 관련 근무에 언제 참석해야 하는지 알려주실 수 있나요?
A8. 물론이죠, 당신은 상담사 매뉴얼 업데이트 관련 근무를 오전 9시부터 10시까지 하게 될 것입니다.

Q9. 저는 상담사 직책에 지원한 사람과 면접이 있습니다. 면접은 몇 시인가요?
A9. Kate Miller씨의 면접은 12월 25일로 연기되었습니다. 그래서 내일 오후12시30분에는 면접이 없습니다.

Q10. 내일 회의가 있다는 것은 알고 있습니다. 제 일정표에 있는 모든 회의에 대해 상세 정보를 알려주실 수 있나요?
A10. 물론이죠, 내일 두 개의 회의가 있습니다.
하나는 정보 기술 부서에 관한 회의이고 오전 7시부터 9시까지입니다.
또 하나는 치료실 운영에 관한 회의이고 오후 3시30분부터 4시40분까지입니다.

Workshop for Photographers
Chicago Center
Wednesday March 7th

Time	Session	Presenter
9-10AM	Promoting Photos for Business	April Lu
10-11AM	Latest Photo Editing Technology	Jake Tomson
11AM-Noon	Special Event Photography	Jessica Kim
Noon-1PM	Free Lunch (Provided by Eric's Cafeteria)	
1-3PM	Innovative Editing	Venessa Ralston
3-4PM	Building a Loyal Client Base	Jessica Lee

Hi, I'm planning to attend the workshop for photographers this year. I'd like to get a few more detail

Q8 I know there is a session on promoting photography. When does it start and who is presenting it?

A8 The session on promoting photos for business starts at 9am and it will be presented by April Lu.

Q9 I needed to bring my own lunch last year. Will I have to bring my own lunch this year again?

A9 No, I don't think so. On the schedule, it says free lunch will be provided by Eric's Cafeteria.
So, you don't have to bring your own lunch.

Q10 I won't be able to arrive before noon. Could you tell me which sessions I'll be missing if I arrive at noon?

A10 Sure, There are two sessions you will be missing according to the schedule.
One is a session on innovating editing by Venessa Ralston from 1 to 3pm.
The other one is a session on building a Loyal Client Base by Jessica Lee from 3 to 4pm.

안녕하세요 저는 올해 사진사 워크숍에 참여하려 합니다. 더 자세한 정보를 알고 싶습니다.

Q8. 사진 홍보에 관한 일정이 있는 것으로 알고 있습니다. 그 일정은 언제 시작하고 누가 발표하나요?
A8. 비즈니스를 위한 사진 홍보에 관한 일정은 오전 9시에 시작하고 April Lu 씨가 발표할 예정입니다.

Q9. 작년 워크숍엔 각자 점심을 가져가야 했습니다. 올해도 점심을 따로 챙겨가야 하나요?
A9. 아니요, 그렇지 않습니다. 일정표에 무료 점심을 Eric's Cafeteria에서 제공한다고 쓰여 있습니다. 그래서 당신은 따로 점심을 챙겨오지 않아도 됩니다.

Q10. 제가 정오 전까지는 도착하지 못할 것 같습니다. 제가 정오에 도착하면 어떤 일정을 놓치게 되는지 알려주실 수 있나요?
A10. 물론이죠. 일정표에 따르면 당신은 두 일정을 놓치게 될 것입니다. 하나는 오후 1시부터 3시까지 Venessa Ralston가 진행하는 혁신적인 편집에 대한 일정입니다.
또 하나는 오후 3시부터 4시까지 Jessica Lee가 진행하는 충성도 높은 고객 기반 쌓기에 대한 일정입니다.

Emmerdale Farm: May Tour
Entrance fee: $20

Date	Time	Event	Notes
May 3	2-3PM	Music at the farm	Free event
May 7	3-5PM	Painting with Flowers	Age 7-12
May 9	1-2PM	Horse Riding	All equipment provided
May 11	10-11AM	Harvesting Carrots	Free samples
May 15	3-5PM	Arts and Crafts	All materials supplied
May 16	10-11AM	Children's farm tour	

Hi, I'm interested in the events taking place on May. I have some questions about it.

Q8 On what date will the horse riding take place and what time will it start?

A8 The horse riding will take place on May 9th. It will start at 1pm and all equipment is provided for that event.

Q9 Will there be entrance fee for the music at the farm? How much would it be?

A9 On the schedule, it says there will be no entrance fee for the music at the farm. It's a free event.

Q10 Could you give me all the information about the events that will take place in the morning?

A10 Sure, there will be two events that will take place in the morning according to the schedule. One is harvesting carrots on May 11th from 10 to 11am and samples are free for that event. The other one is children's farm tour on May 16th from 10 to 11am.

안녕하세요. 저는 5월에 진행되는 행사에 관심있습니다. 그 행사에 대한 질문이 몇 가지 있습니다.

Q8. 말 타기는 몇 일에 진행되고 몇 시에 시작하나요?
A8. 말 타기는 5워 9일에 진행될 예정입니다. 그 행사는 오후 1시에 시작하고 행사에 필요한 모든 장비는 제공된다고 합니다.

Q9. 농장에서의 음악 행사는 참가비가 있나요? 얼마인가요?
A9. 일정표에 농장에서의 음악 행사는 참가비가 없다고 쓰여 있습니다. 그 행사는 무료입니다.

Q10. 오전에 진행되는 모든 행사에 대한 정보를 알려주실 수 있나요?
A10. 물론이죠. 일정표에 따르면 오전에 진행되는 행사는 두 개가 있습니다.
하나는 5월 11일 10시에서 11시까지 진행되는 당근 수확하기 행사이고 샘플이 무료라고 합니다.
또 하나는 5월 16일 10시에서 11시까지 진행되는 어린이 농장 관광 행사입니다.

Note

Q 11
의견 제시하기
Express your opinion

Q 11은 **인터뷰 형식의 질문**에 대해 **수험자 자신의 입장을 제시한 후** 그 입장을 선택한 **이유와 근거를** 60초의 시간 동안 **논리적으로 진술해야 하는 문제입**니다.

질문의 요지를 정확하게 이해하고 분명한 입장 표명을 하였는지, 이해 가능한 설득력 있는 논거들로 답변하였는지에 대해 우선적으로 평가합니다. 따라서 어떤 답변을 하는가에 못지않게 질문의 의도 파악이 중요합니다.

45초 동안의 준비 시간을 활용하여 질문의 요지를 정리하고 답변의 주장과 이유를 논리적으로 전개할 수 있도록 미리 구상해 두어야 합니다.

▶ 자가 진단 리스트

1 제한시간 60초 이내에 완성도 높은 답변을 하였
  는가?

                                    YES ☐   NO ☐

2 근거나 이유에 대해 상세하게 서술하였는가?

                                    YES ☐   NO ☐

3 주어진 문제와 연관성이 높은 답변을 하였는가?

                                    YES ☐   NO ☐

4 논리적 비약을 최소화하여 답변하였는가?

                                    YES ☐   NO ☐

5 발음 및 강세에 유의하여 답변하였는가?

                                    YES ☐   NO ☐

6 학습된 템플릿을 적소에 활용하였는가?

                                    YES ☐   NO ☐

INTRO

1 시험정보

문제 번호	준비 시간	답변 시간	평가 점수
Question 11	45초	60초	0 ~ 5점

평가 기준

- 발음, 강세, 억양 기반의 전달력
- 문제와 연관성이 높은 정확한 과제 수행력
- 어휘력과 전반적인 문장 구성력(복문 사용 여부)
- 문법과 문장 완성도
- 응집성과 인과 관계가 명확한 논리적인 전개력

빈출 지문 유형

❶ 직무 – 업무 환경　　❷ 직무 – 직원 역량　　❸ 교육 – 학습 종류와 방법

❹ 교육 – 일 경험　　❺ 일반 – 여가 생활

2 출제 경향

해당 파트에선 교육/직무/일상 관련하여 사회에서 화두가 되거나 갑론을박이 될 수 있는 이슈에 대해 수험자의 개인적 견해를 묻는다. 개인적인 견해지만 청자가 충분히 납득할 수 있도록 논리적인 전개 속 충분한 근거와 예시를 함께 진술 하여 결론이 도출되도록 해야한다.

한 가지 주제에 대해 여러 질문 유형이 출제될 수 있음으로 문제를 다각도로 분석하여 입장 선택에 대한 어려움이 없도 록 학습 시 다양한 방향으로 생각해보는 과정이 필요하다. 출제 가능한 모든 질문 유형은 〈고득점 공략법〉에서 확인할 수 있다.

통계적으로 교육 관련된 주제에서는 학생들의 교육 방법에 따라 예상되는 학습적 효과에 대한 질문이 가장 빈번하게 출제되고 있고, 직무 관련해서는 직원의 역량과 회사의 환경에 따라 어떤 업무 퍼포먼스나 결과물이 예상되는지를 묻는 문제가 많이 출제되고 있다.

TOEIC Speaking

Question 11: Express your opinion

Directions:

In this part of the test, you will give your opinion about a specific topic. Be sure to say as much as you can in the time allowed. You will have 45 seconds to prepare. Then you will have 60 seconds to speak.

안내문

45초의 준비 시간과 60초의 답변 시간이 주어진다는 안내 음성과 함께 같은 내용이 화면에 텍스트로 보여진다.

TOEIC Speaking
Question 11 of 11

Would it be better for students to see a live performance than to watch video clips of a performance? Why or why not?

PREPARATION TIME

00 : 00 : 45

준비 시간 45초

문제가 화면에 제시되고, "Begin preparing now." 라는 음성이 나온다. 이어지는 'beep' 소리 이후 45초의 준비 시간이 주어진다.

TOEIC Speaking
Question 11 of 11

Would it be better for students to see a live performance than to watch video clips of a performance? Why or why not?

RESPONSE TIME

00 : 01 : 00

답변 시간 60초

준비 시간 종료 후, "Begin speaking now."라는 음성이 나온다. 이어지는 'beep' 소리 이후 60초의 답변 시간이 주어진다.

핵심만 한방에!

Q 11는 질문의 요지를 정확히 파악하여 질문에 대한 연관성과 밀착성이 높은 의견과 근거를 제시하도록 하는 것이 중요하다. 의외로 많은 수험자들이 시간제한에 대한 압박감으로 질문의 일부 어휘만 해석하여 주제에서 이탈하거나 동문서답을 하는 경우도 많다. 유창성과 어휘력도 중요하지만 감점을 면하려면 기본적으로 이질감이 느껴지는 방향의 답변을 하지 않도록 주제 연관성 높은 근거들로 논리를 향상시켜야 한다.

개인의 의견을 피력하는 유형이기 때문에 너무 형식적이지도 너무 캐주얼하지도 않은 적절한 구어체 표현들로 여유가 느껴지는 구사력을 증명해 내는 것도 중요하다. 해당 파트는 60초라는 상대적으로 긴 제한시간 동안 얼만큼 자연스럽고 이해 가능한 장기 의사소통이 가능한지를 평가하기 위한 목적의 문제라는 것을 명심하자.

이 파트 역시 교육/직무 관련 주제 등에 따라 정형화된 유형들이 많기 때문에 실전에서 즉흥 영작을 최소화하기 위해 많은 템플릿 표현들을 사전에 학습해두는 것이 다양한 문제 유형들에 대해 가장 쉽게 대응할 수 있는 방법이다.

1 고득점 보장! 감점 제로 전략

❶ 질문을 꼼꼼히 해석하여 정확하게 이해하고 이에 부합하는 타당한 답변을 한다.

▸ 주제 이탈, 동문서답 유의
▸ 문제 유형부터 이해하기 (동의/미동의, 양자택일, 일장일단 등)
▸ 본인 경험을 포함한 지엽적 성격의 내용은 최소화하거나 최후의 수단으로 부연하기

❷ 유형별 답변 템플릿을 활용하여 즉흥적 발화를 최소화한다.

▸ 정형화, 빈출 주제들에 대한 답변 방향은 필히 사전 대비
▸ 문법 오류 최소화
▸ 논리적인 기승전결 전개구조
▸ 문장들의 내용 결속력 강화
▸ 주장을 뒷받침하는 내용 구체화

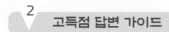 **고득점 답변 가이드**

❶ 이유나 예시를 제시하여 탄탄한 논거를 전개한다.

제시하는 의견의 설득력을 높이려면 상세한 이유와 예시를 들어 논리적으로 설명해야 한다. 문장과 문장 간 논리 비약을 최소화하도록 제시하는 의견들 사이에 적절한 인과관계가 성립하고 논리적으로 매끄러운 전개가 되어야 함을 명심하자.

예 if you have good social skills, 사교성이 좋으면.
→ you will be able to build better chemistry with your co-workers. 동료들과 호흡을 잘 맞출 수 있다.
Better chemistry will bring better teamwork, 호흡을 잘 맞추면 → 좋은 팀워크 형성이 가능하다.
and better teamwork can make work a lot easier and less time-consuming.
좋은 팀워크는 → 업무를 쉽고 효율적으로 할 수 있게 만든다.
I think having a good teamwork is very important when it comes to a company's success.
팀워크는 회사의 성공에 있어 중요하다.

❷ 문장들의 연결 논리를 강화하는 연결어와 어휘를 적절하게 사용한다.

문장들의 인과관계나 결속력을 탄탄하게 만들어주는 다양한 연결어들과 조동사들을 사용하여 매끄러운 전개를 보여주도록 하자.

예 … Employees don't work hard. (X)   직원들은 열심히 일하지 않는다.
If so, employees might not work hard. (O)   만일 그렇게 된다면, 직원들은 열심히 일하지 않을 수도 있다.
If so, employees are less likely to work hard. (O)   만일 그렇게 된다면, 직원들은 열심히 일할 가능성이 낮다.

논리적 연결을 강화하는 어휘/표현

▶ **will** ~일 것이다
▶ **could** ~일 수 있다
▶ **be able to** ~일 수 있다
▶ **might** ~일 수 있다
▶ **for instance** 예를 들어
▶ **less likely to** ~일 가능성이 낮다
▶ **then/if so** 만일 그렇게 된다면
▶ **that way** 그러면

▶ **will not** ~이지 않을 것이다
▶ **could not** ~이지 않을 수 있다
▶ **not be able to** ~이지 않을 수 있다
▶ **might not** ~이지 않을 수 있다
▶ **for example** 예를 들어
▶ **more likely to** ~일 가능성이 높다
▶ **if not** 만일 그렇지 않다면
▶ **this will lead to** ~라는 결과로 이끌 것이다

3
Q 11 문제 유형

▶ 동의/미동의 선택 유형
▶ 장점을 묻는 유형
▶ 단점을 묻는 유형

▶ 양자택일 유형
▶ 3중택일 유형
▶ 일반 주관식

유형훈련

◀◀◀ **1** ▶▶▶ 교육 – 교과목 외 활동과 학습

STEP **1** 문제 유형 파악 및 입장 선택하기 ◀)) P6_01

> **Q** Do you agree or disagree with the statement below?
> "Schools should take students to places like art gallery and museum on a regular basis." Give reasons or examples to support your opinion.
>
> 당신은 아래 주장에 동의하나요 또는 미동의 하나요?
> "학교 측에서는 정기적으로 학생들을 미술관이나 박물관에 데려가야 합니다." 당신의 주장을 뒷받침할 만한 근거와 예시를 들어보세요.

고득점 가이드 **중요 체크 사항** Note-taking 🖊️

▸ 입장 : agree 동의
▸ 근거 1 : hands-on experience ⟶ study harder ⟶ do better in school
　　　　　직접적인 경험　　　　　　　　열심히 공부　　　　우수한 성적 취득
▸ 근거 2 : knowledgeable ⟶ creative and artistic
　　　　　지식 습득　　　　　　　창의적이고 예술적

STEP **2** 모범 답변 학습하기 해설 P184

입장 제시	I strongly support the idea that schools should take students to places like art gallery and museum on a regular basis.
근거 1 직접적 체험으로 학업 동기 부여	For starters, if schools take students to those places, students can get a lot of valuable hands-on experience. Getting valuable experience will motivate students to study harder. Then, they are more likely to do better in school, and doing well in school will help students be well-prepared for the future.
근거 2 다양한 지식 습득으로 창의력 증진	Also, if schools take students to places like art gallery and museum, students are more likely to become knowledgeable about various fields. Being knowledgeable about various fields will make students become more creative and artistic. I am pretty sure developing creativity is very important for students.
입장 재표명	So, once again, I strongly agree with the statement.

* 답변의 논리력 향상으로 점수를 UP시키는 핵심 표현

◄◄◄ 2 ►►► 교육 – 학생들의 일 경험

STEP 1 문제 유형 파악 및 입장 선택하기 ◀)) P6_02

Q Which do you think is the best experience for students during their vacation? Choose one of the options below and give details about your opinion.

방학 동안 학생들에게 있어서 가장 좋은 경험은 무엇이라고 생각하나요?
아래 항목들 중 하나를 고르고 당신의 주장을 뒷받침할 만한 세부적인 이유를 제시해주세요.

- doing volunteer work   - doing an internship   - taking online courses
  봉사활동 하기   인턴쉽 하기   온라인 수업 듣기

고득점 가이드   **중요 체크 사항** Note-taking

▶ 입장 : doing volunteer work 봉사활동 하기
▶ 근거 1 : hands-on work experience → study harder → do better in school
               직접적인 경험   열심히 공부   우수한 성적 취득
▶ 근거 2 : patience/time management → responsibility → qualified
               인내심/시간 관리   책임감   자격 있는

STEP 2 모범 답변 학습하기 해설 P184

입장 제시	I strongly support the idea that doing volunteer work is the best experience for students during their vacation.
근거 1 직접적 경험으로 학업 동기 부여	For starters, if students do volunteer work, students can get a lot of hands-on work experience. Getting work experience will motivate students to study harder. Then, they are more likely to do better in school, and doing well in school will help students be well-prepared for the future.
근거 2 책임감 향상	Also, if students do volunteer work, they will get to learn about patience and time management while working. That will help them develop a stronger sense of responsibility. Then, they will become more qualified in the job market. I am pretty sure developing a sense of responsibility is very important for young people.
입장 재표명	So, once again, I think doing volunteer work is the best experience.

* 답변의 논리력 향상으로 점수를 UP시키는 핵심 표현

STEP 1 문제 유형 파악 및 입장 선택하기 ◄)) P6_03

Q Who do you think has a greater influence on a child's success; popular idol singers or parents? Why?

자녀의 성공에 있어 누가 더 큰 영향을 미친다고 생각하나요; 인기 아이돌 가수 또는 부모? 그 이유는?

고득점 가이드 **중요 체크 사항** Note-taking

▸ 입장 : parents 부모
▸ 근거 1 : closest people → more influence → good characters/morality
　　　　　가장 가까운 사람　　　　　더 큰 영향　　　　　좋은 인성/도덕성
▸ 근거 2 : good example → look up → learn good things
　　　　　모범　　　　　보고 배움　　좋은 점을 배움

STEP 2 모범 답변 학습하기 해설 P185

입장 제시	I strongly support the idea that parents have a greater influence on a child's success.
근거 1 가장 가까운 사람	For starters, I think parents are the closest people to their children. The closer you are, the more influence you have. That means, parents can help their children develop good characters and a stronger sense of morality.
근거 2 함께 시간을 많이 보내는 사람	Also, parents spend a lot of time with their children. Spending time together is the best way to set a good example for children. Parents can lead by example in their daily lives to make their children look up to them. Then, children will naturally learn good things from their parents. I am pretty sure being a good role model as a parent is very important for a child's success.
입장 재표명	So, once again, I think parents have a greater influence on a child's success.

＊ 답변의 논리력 향상으로 점수를 UP시키는 핵심 표현

4 ▶▶▶ 직무 – 업무 역량과 성향

STEP 1 문제 유형 파악 및 입장 선택하기 ◀) P6_04

Q Do you prefer to work with bosses who have good leadership skills? Why or why not?

당신은 훌륭한 리더십을 가진 상사와 함께 일하기를 선호하나요? 왜 그런가요 혹은 왜 그렇지 않나요?

고득점 가이드 **중요 체크 사항 Note-taking**

▶ 입장 : yes 그렇다
▶ 근거 1 : communicate better → friendly atmosphere → work harder
　　　　　더 잘 소통함　　　　　　화기애애한 분위기　　　　　열심히 일함
▶ 근거 2 : chemistry → teamwork → easier/less time-consuming
　　　　　게미　　　　팀워크　　　　더 쉽게/소요 시간을 줄이며

STEP 2 모범 답변 학습하기 해설 P185

입장 제시	Personally, I prefer to work with bosses who have good leadership skills.
근거 1 원활한 소통으로 좋은 분위기 형성	For starters, a boss who has good leadership skills will be able to communicate better with other employees. If so, employees can work in a friendly atmosphere which will motivate them to work harder. Then, their team can probably get better results at work.
근거 2 결속력 강화로 팀워크 향상	Also, if my bosses have good leadership skills, they will be able to build better chemistry with their co-workers. Better chemistry can bring better teamwork, and better teamwork can make work a lot easier and less time-consuming. I think having a good teamwork is very important when it comes to a company's success.
입장 재표명	So, once again, I would like to work with a boss who has good leadership skills.

* 답변의 논리력 향상으로 점수를 UP시키는 핵심 표현

Q 11

직무 – 업무 환경

STEP 1 문제 유형 파악 및 입장 선택하기 ◁)) P6_05

Q Do you agree or disagree with the statement below?
"Companies should allow their employees to have flexible working schedules."
Give reasons or examples to support your opinion.

당신은 아래 주장에 동의하나요 또는 미동의 하나요?
"회사측은 직원들에게 좀 더 유동적인 근무 일정을 가질 수 있도록 해야합니다."
당신의 주장을 뒷받침할 만한 근거 또는 예시를 들어보세요.

고득점 가이드 중요 체크 사항 Note-taking

▶ 입장 : agree 동의
▶ 근거 1 : free time → balance → better quality of life → work harder
　　　　　여가 시간　　均형　　　높은 삶의 질　　　열심히 일함
▶ 근거 2 : enjoy hobbies → relieve stress → work efficiently
　　　　　취미 즐기기　　　스트레스 해소　　효율적으로 일함

STEP 2 모범 답변 학습하기 해설 P186

입장 제시	I strongly support the idea that companies should allow their employees to have flexible working schedules.
근거 1 자유시간 확보	For starters, if employees have flexible working schedules, they will probably get to have more free time. That will help them to balance their work and personal lives which may lead to a better quality of life. Then, employees will be more motivated to work harder.
근거 2 취미 생활 가능	Also, if employees have flexible working schedules, they will get to have more time to enjoy their hobbies. Enjoying hobbies will help them relieve stress coming from work, and if they can reduce stress, they will be able to work more efficiently. I am pretty sure doing something to reduce stress is very important when it comes to work.
입장 재표명	So, once again, I agree with the statement.

* 답변의 논리력 향상으로 점수를 UP시키는 핵심 표현

STEP 1 문제 유형 파악 및 입장 선택하기 ◁)) P6_06

Q Do you think working at an open-plan office is better than working at a private office? Why or why not?

당신은 개방형 사무실에서 근무하는 것이 개인 사무실에서 근무하는 것 보다 더 낮다고 생각하나요?
왜 그런가요 혹은 왜 그렇지 않나요?

고득점 가이드 중요 체크 사항 Note-taking

▶ 입장 : yes 그렇다
▶ 근거 1 : face-to-face → enjoyable atmosphere → better results
　　　　　　면대면　　　　　　즐거운 분위기　　　　　　　　더 나은 업무 성과
▶ 근거 2 : chemistry → teamwork → easier/less time-consuming
　　　　　　케미　　　　팀워크　　　　더 쉽게/소요 시간을 줄이며

STEP 2 모범 답변 학습하기 해설 P186

입장 제시	I strongly support the idea that working at an open-plan office is better than working at a private office.
근거 1 원활한 소통으로 좋은 분위기 형성	For starters, if you work at an open-plan office, you can have conversations with your co-workers face-to-face whenever you need to. If so, you can work in an enjoyable atmosphere which will motivate you to work harder. Then, you are more likely to get better results at work.
근거 2 결속력 강화로 팀워크 향상	Also, if you work at an open-plan office, you will be able to build better chemistry with your co-workers. Better chemistry can bring better teamwork, and better teamwork can make work a lot easier and less time-consuming. I think having a good teamwork is very important when it comes to a company's success.
입장 재표명	So, once again, I think working at an open-plan office is better.

* 답변의 논리력 향상으로 점수를 UP시키는 핵심 표현

Q11

7 ▶▶▶ 직무 – 리더의 중재

◀◀◀ ▶▶▶

STEP 1 문제 유형 파악 및 입장 선택하기 ◀)) P6_07

Q Do you agree or disagree with the statement below?
"It is better to handle disagreements with co-workers by asking for a manager's help." Give reasons to support your opinion.

아래 서술된 주장에 대해 동의하나요 또는 미동의 하나요?
"동료들과의 갈등을 해결하려면 직장 상사에게 도움을 요청하는 것이 좋다." 당신의 주장을 뒷받침할 만한 근거를 들어보세요.

고득점 가이드 중요 체크 사항 Note-taking

▸ 입장 : agree 동의
▸ 근거 1 : resolve quickly → chemistry → teamwork → easier/less time-consuming
빠른 해결   케미   팀워크   더 쉽게/소요 시간을 줄이며
▸ 근거 2 : handle quickly (leadership) → focus → work harder → better results
빠른 처리(리더십)   집중   열심히 일함   더 나은 업무 성과

STEP 2 모범 답변 학습하기 해설 P187

입장 제시	I strongly support the idea that it is better to handle disagreements by asking for a manager's help.
근거 1 빠른 중재로 갈등 해소	For starters, if you ask for a manager's help, the manager will resolve disagreements quickly. Then, you will be able to build better chemistry with your co-workers. Better chemistry can bring better teamwork, and better teamwork can make work a lot easier and less time-consuming. I think having a good teamwork is very important when it comes to a company's success.
근거 2 리더십 발휘로 직원들 업무 집중 가능	Plus, if you ask for a manager's help, the manager will try to handle the problem quickly, because managers are more likely to have good leadership skills. Then, your team can focus better on their work, which will motivate you to work harder. That way, you can get better results.
입장 재표명	So, once again, I agree with the statement.

* 답변의 논리력 향상으로 점수를 UP시키는 핵심 표현

8 ▶▶▶ 직무 – 성공적 회사 생활 요건

STEP 1 **문제 유형 파악 및 입장 선택하기** ◀) P6_08

> **Q** Do you think it is important for an employee to have a good sense of humor at work? Why or why not?
>
> 직장에서 직원으로서 좋은 유머감각을 지니는 것이 중요하다고 생각하나요? 왜 그런가요 혹은 왜 그렇지 않나요?

고득점 가이드 **중요 체크 사항** Note-taking 🖊

▸ 입장 : yes 그렇다

▸ 근거 1 : chemistry → teamwork → easier/less time-consuming
　　　　　 케미　　　　 팀워크　　　　 더 쉽게/소요 시간을 줄이며

▸ 근거 2 : get along → friendly/enjoyable atmosphere → work harder → better results
　　　　　 어울리다　　 화기애애한/즐거운 분위기　　　　 열심히 일함　　　 더 나은 업무 성과

STEP 2 **모범 답변 학습하기** 해설 P187

입장 제시	I strongly support the idea that it is important for an employee to have a good sense of humor at work.
근거 1 케미와 팀워크 형성	For starters, if you have a good sense of humor, you will be able to build better chemistry with your co-workers. Better chemistry can bring better teamwork, and better teamwork can make work a lot easier and less time-consuming. I think having a good teamwork is very important when it comes to a company's success.
근거 2 동료들과 쉽게 가까워짐	Plus, if you have a good sense of humor, you can easily get along with your co-workers at work. That will help you work in a friendly and enjoyable atmosphere which will motivate you to work harder. That way, you can get better results.
입장 재표명	So, once again, I think it is important for an employee to have a good sense of humor.

* 답변의 논리력 향상으로 점수를 UP시키는 핵심 표현

Q 11

일반 – 정보 습득 수단

STEP 1 문제 유형 파악 및 입장 선택하기 ◀) P6_09

Q If you need to get information about a product you want to buy, would you ever ask sales people for help?

만약 당신이 구입하고 싶은 어떤 제품에 대한 정보를 필요로 할 때, 당신은 영업 담당자에게 도움을 요청할 건가요?

고득점 가이드 중요 체크 사항 Note-taking 🖊

▸ 입장 : yes 그렇다
▸ 근거 1 : useful (knowledgeable) → friendly/helpful → no reason I shouldn't ask
　　　　 유용한(해박한)　　　　　　 친절한/도움 되는　　　 묻지 않을 이유 없음
▸ 근거 2 : detailed → decide easily → spend time efficiently
　　　　 상세한　　　 쉽게 결정　　　 효율적 시간 소비

STEP 2 모범 답변 학습하기 해설 P188

입장 제시	Personally, I prefer to ask sales people for help.
근거 1 유용한 정보 습득 가능	For starters, if I talk to a salesperson, I will be able to get a lot of useful information. That's because sales people are very knowledgeable about a product. Plus, they are friendly and helpful in general, so there is no reason I shouldn't ask a salesperson about the product information.
근거 2 상세한 정보 습득 가능	Also, if I talk to a salesperson, I can get more detailed information about a product that I am interested in. Then, I can decide whether to buy a product or not more easily. I won't have to waste time searching for the product information. I will be able to spend my time more efficiently when I shop for something. I think getting detailed information about a product is very important when you shop for something.
입장 재표명	So, once again, I would ask sales people for help.

* 답변의 논리력 향상으로 점수를 UP시키는 핵심 표현

일반 – 발명품

STEP 1 문제 유형 파악 및 입장 선택하기 ◀)) P6_I0

Q Which do you think is the best invention in people's lives? Choose one of the options below and give details about your opinion.

사람들의 삶에서 가장 좋은 발명품은 다음 중 무엇이라고 생각합니까? 아래 보기들 중 하나를 고르고 당신의 주장을 뒷받침할 만한 세부적인 이유를 제시해주세요.

- **smartphones**   - **televisions**   - **air conditioners**
  스마트폰   텔레비전   에어컨

고득점 가이드 중요 체크 사항 Note-taking

▸ 입장 : smartphones 스마트폰
▸ 근거 1 : internet → do everything → better quality of life
         인터넷   무엇이든 할 수 있음   높은 삶의 질
▸ 근거 2 : communicate wherever → chat in real time → efficiency
         어디에서든 연락   실시간으로 연락   효율성

STEP 2 모범 답변 학습하기   해설 P188

입장 제시	I strongly support the idea that smartphones are the best invention in people's lives.
근거 1 인터넷을 통한 다양한 여가활동 가능	For starters, by using a smartphone, you can get access to the internet whenever you want to. You can do pretty much everything by getting an internet access with your phone these days. For instance, you can watch video clips, read electronic books or enjoy shopping on the move, which may lead to a better quality of life.
근거 2 어디서든 누구와 실시간 연락 가능	Also, if you have a smartphone, you can communicate with other people wherever you are. Even if you go overseas, you can chat with your friends or family in real time by using messaging apps on your phone. I think efficiency is very important when it comes to communicating with someone.
입장 재표명	So, once again, I think smartphones are the best invention.

* 답변의 논리력 향상으로 점수를 UP시키는 핵심 표현

Q11

Set 1   ◀) P6_11 모범답변 P190

TOEIC Speaking

Questions 11: Express an opinion

Directions:

In this part of the test, you will give your opinion about a specific topic. Be sure to say as much as you can in the time allowed. You will have 45 seconds to prepare. Then you will have 60 seconds to speak.

TOEIC Speaking   Question 11 of 11

Q: Do you think it is good for students to spend certain amount of time on doing physical activities at school? Why or why not?

PREPARATION TIME
00 : 00 : 45

TOEIC Speaking   Question 11 of 11

Q: Do you think it is good for students to spend certain amount of time on doing physical activities at school? Why or why not?

RESPONSE TIME
00 : 01 : 00

Set 2 　　◀) P6_12 모범답변 P191

TOEIC Speaking

Questions 11: Express an opinion

Directions:

In this part of the test, you will give your opinion about a specific topic. Be sure to say as much as you can in the time allowed. You will have 45 seconds to prepare. Then you will have 60 seconds to speak.

TOEIC Speaking	Question 11 of 11

Q: Do you prefer to work at a small company or a large company? Give reasons or examples to support your opinion.

PREPARATION TIME
00 : 00 : 45

TOEIC Speaking	Question 11 of 11

Q: Do you prefer to work at a small company or a large company? Give reasons or examples to support your opinion.

RESPONSE TIME
00 : 01 : 00

Set 3 ◄)) P6_13 모범답변 P192

TOEIC Speaking

Questions 11: Express an opinion

Directions:

In this part of the test, you will give your opinion about a specific topic. Be sure to say as much as you can in the time allowed. You will have 45 seconds to prepare. Then you will have 60 seconds to speak.

TOEIC Speaking   Question 11 of 11

Q: When communicating with co-workers at work, is it better to communicate by sending text messages or talking face-to-face? Why?

PREPARATION TIME
00 : 00 : 45

TOEIC Speaking   Question 11 of 11

Q: When communicating with co-workers at work, is it better to communicate by sending text messages or talking face-to-face? Why?

RESPONSE TIME
00 : 01 : 00

TOEIC Speaking

Questions 11: Express an opinion

Directions:

In this part of the test, you will give your opinion about a specific topic. Be sure to say as much as you can in the time allowed. You will have 45 seconds to prepare. Then you will have 60 seconds to speak.

TOEIC Speaking   Question 11 of 11

Q: What are some things companies could do to help workers balance family and professional lives? Give specific reasons to support your opinion.

PREPARATION TIME
00 : 00 : 45

TOEIC Speaking   Question 11 of 11

Q: What are some things companies could do to help workers balance family and professional lives? Give specific reasons to support your opinion.

RESPONSE TIME
00 : 01 : 00

Set 5 ◀) P6_I5 모범답변 P194

TOEIC Speaking

Questions 11: Express an opinion

Directions:

In this part of the test, you will give your opinion about a specific topic. Be sure to say as much as you can in the time allowed. You will have 45 seconds to prepare. Then you will have 60 seconds to speak.

TOEIC Speaking
Question 11 of 11

Q: What are some advantages of universities providing their students with an opportunity to study in foreign countries? Give reasons and examples to support your opinion.

PREPARATION TIME
00 : 00 : 45

TOEIC Speaking
Question 11 of 11

Q: What are some advantages of universities providing their students with an opportunity to study in foreign countries? Give reasons and examples to support your opinion.

RESPONSE TIME
00 : 01 : 00

◀) P6_16 모범답변 P195

TOEIC Speaking

Questions 11: Express an opinion

Directions:

In this part of the test, you will give your opinion about a specific topic. Be sure to say as much as you can in the time allowed. You will have 45 seconds to prepare. Then you will have 60 seconds to speak.

TOEIC Speaking   Question 11 of 11

Q: Do you think a person should try new ideas at work in order to be a good leader? Give reasons and examples to support your opinion.

PREPARATION TIME
00 : 00 : 45

TOEIC Speaking   Question 11 of 11

Q: Do you think a person should try new ideas at work in order to be a good leader? Give reasons and examples to support your opinion.

RESPONSE TIME
00 : 01 : 00

Set 7 ◀) P6_17 모범답변 P196

TOEIC Speaking

Questions 11: Express an opinion

Directions:

In this part of the test, you will give your opinion about a specific topic. Be sure to say as much as you can in the time allowed. You will have 45 seconds to prepare. Then you will have 60 seconds to speak.

TOEIC Speaking   Question 11 of 11

Q: If you were making a flight reservation, whose advice would you ask for; a travel agent or a family member? Give reasons or examples to support your opinion.

PREPARATION TIME
00 : 00 : 45

TOEIC Speaking   Question 11 of 11

Q: If you were making a flight reservation, whose advice would you ask for; a travel agent or a family member? Give reasons or examples to support your opinion.

RESPONSE TIME
00 : 01 : 00

Note

모범 답변 ANSWER

◀◀◀ 1 ▶▶▶   교육 – 교과목 외 활동과 학습

[입장 제시] I strongly support the idea that schools should take students to places like art gallery and museum on a regular basis.

[근거 1] For starters, if schools take students to those places, students can get a lot of valuable hands-on experience. Getting valuable experience will motivate students to study harder. Then, they are more likely to do better in school, and doing well in school will help students be well-prepared for the future.

[근거 2] Also, if schools take students to places like art gallery and museum, students are more likely to become knowledgeable about various fields.
Being knowledgeable about various fields will make students become more creative and artistic.
I am pretty sure developing creativity is very important for students.

[입장 재표명] So, once again, I strongly agree with the statement.

[입장 제시] 저는 학교 측에서 정기적으로 미술관이나 박물관에 데려가야 한다는 생각을 강력하게 지지합니다.

[근거 1] 첫 번째로, 만약 학교 측에서 학생들을 그 장소들로 데려간다면, 학생들은 가치 있는 현장 체험을 하게 될 것입니다. 가치 있는 경험을 얻는다는 것은 학생들이 공부를 열심히 하게 되는 동기를 유발할 것입니다. 따라서, 그들은 학교생활을 더 잘하게 될 것이며, 학생들이 미래를 잘 준비할 수 있도록 도움을 줄 것입니다.

[근거 2] 또한, 만약 학교 측에서 학생들을 미술관이나 박물관 같은 곳에 데려간다면, 학생들은 여러 분야에 대해 알게 될 것입니다. 여러 가지 분야에 대해 알게 된다는 것은 학생들을 더 창의적이고 예술적으로 만들 것입니다. 창의성을 개발하는 것이 학생들에게 있어 매우 중요한 것이라고 저는 확신합니다.

[입장 재표명] 그래서, 다시 한번 말하자면, 저는 서술된 주장에 대해 동의합니다.

◀◀◀ 2 ▶▶▶   교육 – 학생들의 일 경험

[입장 제시] I strongly support the idea that doing volunteer work is the best experience for students during their vacation.

[근거 1] For starters, if students do volunteer work, students can get a lot of hands-on work experience.
Getting work experience will motivate students to study harder. Then, they are more likely to do better in school, and doing well in school will help students be well-prepared for the future.

[근거 2] Also, if students do volunteer work, they will get to learn about patience and time management while working.
That will help them develop a stronger sense of responsibility. Then, they will become more qualified in the job market.
I am pretty sure developing a sense of responsibility is very important for young people.

[입장 재표명] So, once again, I think doing volunteer work is the best experience.

[입장 제시] 저는 방학 기간 동안 할 수 있는 일 중 자원봉사 활동이 학생들에게 있어 제일 좋은 경험이 될 거라는 생각을 강력하게 지지합니다.

[근거 1] 첫 번째로, 학생들이 자원봉사를 하게 된다면, 학생들은 많은 실무 경험을 하게 될 것입니다. 일 경험을 쌓게 되면 학생들에게 공부를 더 열심히 할 동기를 부여해 줄 것입니다. 따라서, 그들은 학교생활을 더 잘하게 될 것이며, 학생들이 미래를 잘 준비할 수 있도록 도움을 줄 것입니다.

[근거 2] 또한, 만약 학생들이 봉사활동을 하게 된다면, 그들은 일하는 중에 인내심과 시간관리 방법에 대해 배우게 될 것입니다. 이는 그들이 강한 책임감을 갖는데 도움을 줄 것입니다. 그러면 그들이 취업 시장에 좀 더 적합해질 수 있을 것입니다. 어린 사람들에게 있어 책임감을 기른다는 것은 아주 중요한 요소라고 저는 확신합니다.

[입장 재표명] 그래서, 다시 한번 말하자면, 저는 봉사활동을 하는 것이 가장 좋은 경험이라고 생각합니다.

◀◀◀ 3 ▶▶▶ 교육 – 아이들의 본보기

[입장 제시] I strongly support the idea that parents have a greater influence on a child's success.

[근거 1] For starters, I think parents are the closest people to their children.
The closer you are, the more influence you have.
That means, parents can help their children develop good characters and a stronger sense of morality.

[근거 2] Also, parents spend a lot of time with their children.
Spending time together is the best way to set a good example for children. Parents can lead by example in their daily lives to make their children look up to them.
Then, children will naturally learn good things from their parents.
I am pretty sure being a good role model as a parent is very important for a child's success.

[입장 재표명] So, once again, I think parents have a greater influence on a child's success.

[입장 제시] 저는 아이의 성공에 있어 부모가 더 큰 영향을 미친다는 생각을 강력하게 지지합니다.

[근거 1] 첫 번째로, 저는 부모가 자녀와 가장 가까운 사람들이라 생각합니다. 가까운 관계일수록 더 많은 영향을 받게 됩니다. 즉, 부모는 자녀가 더 강한 윤리의식과 올바른 사람으로 자랄 수 있도록 도움을 줄 것입니다.

[근거 2] 또한, 부모는 자녀와 많은 시간을 함께 합니다. 함께 시간을 보내는 것이 아이들에게 좋은 모범을 보이기 위한 가장 좋은 방법입니다. 부모는 일상생활 속에서 모범을 보여주는 것만으로도 자녀들이 우러러 볼 수 있게 될 것입니다. 따라서, 자녀들은 자연스레 부모한테서 좋은 것들을 배우게 될 것입니다. 저는 부모로서 솔선수범하는 자세는 자녀의 성공에 있어서 매우 중요한 요소라고 확신합니다.

[입장 재표명] 그래서, 다시 한번 말하자면, 저는 부모가 아이들의 성공에 있어서 더 큰 영향을 미친다고 생각합니다.

◀◀◀ 4 ▶▶▶ 직무 – 업무 역량과 성향

[입장 제시] Personally, I prefer to work with bosses who have good leadership skills.

[근거 1] For starters, a boss who has good leadership skills will be able to communicate better with other employees.
If so, employees can work in a friendly atmosphere which will motivate them to work harder.
Then, their team can probably get better results at work.

[근거 2] Also, if my bosses have good leadership skills,
they will be able to build better chemistry with their co-workers.
Better chemistry can bring better teamwork, and better teamwork can make work a lot easier and less time-consuming.
I think having a good teamwork is very important when it comes to a company's success.

[입장 재표명] So, once again, I would like to work with a boss who has good leadership skills.

[입장 제시] 개인적으로, 저는 훌륭한 리더십을 가진 상사와 일하는 것을 선호합니다.

[근거 1] 첫 번째로, 훌륭한 리더십을 가진 상사는 직원들과 더 좋은 의사소통 능력을 가지고 있을 것입니다. 만약 그렇다면, 직원들은 더 친근한 분위기 속에서 일을 할 수 있게 될 것이며, 더 근무를 열심히 하게끔 만들 것입니다. 그러면 그 팀은 직장에서 더 좋은 실적을 낼 것입니다.

[근거 2] 또한, 만약 제 상사가 훌륭한 리더십 능력을 보유하고 있다면, 그들은 동료들과 더 좋은 협력관계를 형성시킬 수 있을 것입니다. 더 나은 협력관계는 더 좋은 팀워크를 가져다주고, 더 좋은 팀워크는 일의 시간을 단축시키고 더 쉽게 만들 것입니다. 저는 좋은 팀워크는 기업의 성공에 있어 매우 중요한 요소라 생각합니다.

[입장 재표명] 그래서, 다시 한번 말하자면, 저는 훌륭한 리더십 능력을 보유하고 있는 상사와 일하는 것을 선호합니다.

[입장 제시] I strongly support the idea that companies should allow their employees to have flexible working schedules.

[근거 1] For starters, if employees have flexible working schedules, they will probably get to have more free time.
That will help them to balance their work and personal lives which may lead to a better quality of life.
Then, employees will be more motivated to work harder.

[근거 2] Also, if employees have flexible working schedules, they will get to have more time to enjoy their hobbies.
Enjoying hobbies will help them relieve stress coming from work and if they can reduce stress, they will be able to work more efficiently.
I am pretty sure doing something to reduce stress is very important when it comes to work.

[입장 재표명] So, once again, I agree with the statement.

[입장 제시] 저는 회사측에서 직원들이 유동적인 근무 일정을 가질 수 있도록 해야 한다는 생각을 강력하게 지지합니다.

[근거 1] 첫 번째로, 만약 직원들이 유동적인 근무 일정을 갖게 된다면, 그들은 좀 더 많은 자유 시간을 갖게 될 것입니다. 이는 그들의 개인적인 삶과 일의 균형을 잡는데 도움을 줄 것이며, 그들의 삶의 질을 높일 것입니다. 따라서, 직원들은 자발적으로 더 열심히 일하게 될 것입니다.

[근거 2] 또한, 만약 직원들이 유동적인 근무 일정을 갖게 된다면, 그들은 취미 생활을 즐길 수 있는 시간이 확보될 것입니다. 취미 생활을 즐길 수 있다는 것만으로도 그들이 직장에서 받는 스트레스를 완화시켜줄 것이며 만약 스트레스가 줄어든다면, 그들은 더 효율적으로 일에 매진할 것입니다. 저는 스트레스를 줄이기 위해 무언가를 할 수 있다는 것은 일하는데 있어 매우 중요하다고 확신합니다.

[입장 재표명] 그래서, 다시 한번 말하자면, 저는 서술된 주장에 대해 동의합니다.

[입장 제시] I strongly support the idea that working at an open-plan office is better than working at a private office.

[근거 1] For starters, if you work at an open-plan office, you can have conversations with you co-workers face-to-face whenever you need to.
If so, you can work in an enjoyable atmosphere which will motivate you to work harder.
Then, you are more likely to get better results at work.

[근거 2] Also, if you work at an open-plan office, you will be able to build better chemistry with your co-workers.
Better chemistry can bring better teamwork, and better teamwork can make work a lot easier and less time-consuming.
I think having a good teamwork is very important when it comes to a company's success.

[입장 재표명] So, once again, I think working at an open-plan office is better.

[입장 제시] 저는 개방형 사무실에서 근무하는 것이 개인 사무실에서 일하는 것보다 더 낫다는 생각에 강력하게 지지합니다.

[근거 1] 첫 번째로, 만약 개방형 사무실에서 일을 하게 된다면, 당신은 필요시 다른 동료들과 대면하며 대화를 할 수 있을 것입니다. 그렇게 한다면, 당신은 더 즐거운 분위기 속에서 일을 할 수 있을 것입니다. 따라서, 당신이 더 열심히 일을 할 수 있게끔 동기를 부여해 줄 것입니다.

[근거 2] 또한, 만약 당신이 개방형 사무실에서 일을 하게 된다면, 당신은 동료들과 더 좋은 협력관계를 형성시킬 수 있을 것입니다. 더 나은 협력관계는 더 좋은 팀워크를 가져다주고, 더 좋은 팀워크는 일의 시간을 단축시키고 더 쉽게 만들 것입니다. 저는 좋은 팀워크는 기업의 성공에 있어 매우 중요한 요소라고 생각합니다.

[입장 재표명] 그래서, 다시 한번 말하자면, 저는 개방형 사무실에서 일하는 것이 더 낫다고 생각합니다.

⁜⁜⁜ 7 ⁜⁜⁜ 직무– 리더의 중재

[입장 제시] I strongly support the idea that it is better to handle disagreements by asking for a manager's help.

[근거 1] For starters, if you ask for a manager's help, the manager will resolve disagreements quickly.
Then, you will be able to build better chemistry with your co-workers.
Better chemistry can bring better teamwork, and better teamwork can make work a lot easier and less time-consuming.
I think having a good teamwork is very important when it comes to a company's success.

[근거 2] Plus, if you ask for a manager's help, the manager will try to handle the problem quickly, because managers are more likely to have good leadership skills.
Then, your team can focus better on your work, which will motivate you to work harder.
That way, you can get better results.

[입장 재표명] So, once again, I agree with the statement.

[입장 제시] 저는 동료들과의 갈등을 해결하려면 직장 상사에게 도움을 요청하는 것이 좋다는 생각을 강력하게 지지합니다.

[근거 1] 첫 번째로, 상사에게 도움을 요청하면 갈등을 빠르게 중재해 줄 것입니다. 그러면, 당신은 동료들과 더 좋은 협력관계를 형성시킬 수 있을 것입니다. 더 나은 협력관계는 더 좋은 팀워크를 가져다주고, 더 좋은 팀워크는 일의 시간을 단축시키고 더 쉽게 만들 것입니다. 저는 좋은 팀워크는 기업의 성공에 있어 매우 중요한 요소라고 생각합니다.

[근거 2] 추가로, 상사에게 도움을 요청하면, 상사들은 보통 리더십을 갖추고 있기 때문에, 문제를 빠르게 해결해주려 할 가능성이 높습니다. 그러면, 당신의 팀은 업무에 더 집중할 수 있게 될 것이며, 이는 열심히 일하는데 동기부여를 심어 줄 것입니다. 그러면, 좋은 업무 성과를 낼 수 있습니다.

[입장 재표명] 그래서, 다시 한번 말하자면, 저는 서술된 주장에 대해 동의합니다.

⁜⁜⁜ 8 ⁜⁜⁜ 직무– 성공적 회사 생활 요건

[입장 제시] I strongly support the idea that it is important for an employee to have a good sense of humor at work.

[근거 1] For starters, if you have a good sense of humor, you will be able to build better chemistry with your co-workers.
Better chemistry can bring better teamwork, and better teamwork can make work a lot easier and less time-consuming.
I think having a good teamwork is very important when it comes to a company's success.

[근거 2] Plus, if you have a good sense of humor, you can easily get along with your co-workers at work.
That will help you work in a friendly and enjoyable atmosphere which will motivate you to work harder.
That way, you can get better results.

[입장 재표명] So, once again, I think it is important for an employee to have a good sense of humor.

[입장 제시] 저는 직장에서 직원으로서 좋은 유머감각을 지니는 것이 중요하다고 생각합니다.

[근거 1] 첫 번째로, 유머감각이 있으면 당신은 동료들과 더 좋은 협력관계를 형성시킬 수 있을 것입니다. 더 나은 협력관계는 더 좋은 팀워크를 가져다주고, 더 좋은 팀워크는 일의 시간을 단축시키고 더 쉽게 만들 것입니다. 저는 좋은 팀워크는 기업의 성공에 있어 매우 중요한 요소라고 생각합니다.

[근거 2] 추가로, 유머감각이 있으면, 동료들과 쉽게 어울릴 수 있습니다. 이는 화기애애하고 즐거운 분위기에서 일할 수 있도록 해줄 것이며 열심히 일하는데 동기부여를 심어 줄 것입니다. 그러면, 좋은 업무 성과를 낼 수 있습니다.

[입장 재표명] 그래서, 다시 한번 말하자면, 저는 직원으로서 좋은 유머감각을 지니는 것이 중요하다고 생각합니다.

Q11

[입장 제시] Personally, I prefer to ask sales people for help.

[근거 1] For starters, if I talk to a sales people, I will be able to get a lot of useful information.
That's because sales people are very knowledgeable about a product.
Plus, they are friendly and helpful in general, so there is no reason I shouldn't ask a sales people about the product information.

[근거 2] Also, if I talk to a sales people, I can get more detailed information about a product that I am interested in.
Then, I can decide whether to buy a product or not more easily.
I won't have to waste time searching for the product information.
I will be able to spend my time more efficiently when I shop for something.
I think getting detailed information about a product is very important when you shop for something.

[입장 재표명] So, once again, I would ask sales people for help.

[입장 제시] 개인적으로, 저는 영업 담당자의 도움을 받는 것을 선호합니다.

[근거 1] 첫 번째로, 만약 영업 담당자와 대화를 하게 된다면, 저는 더 많고 유용한 정보를 얻을 수 있을 것입니다. 그 이유는 영업 담당자들은 제품에 대한 지식이 풍부하기 때문입니다. 또한, 그들은 대체로 더 친근하고 도움이 되기에, 굳이 영업 담당자들에게 제품에 대한 정보를 물어보지 않을 이유가 없습니다.

[근거 2] 또한, 만약 영업 담당자와 대화를 하게 된다면, 제가 관심 있는 제품에 관한 정보를 더 세부적으로 얻을 수 있게 될 것입니다. 결과적으로, 저는 이 제품을 살지 말지에 대한 결정을 쉽게 내릴 수 있습니다. 따로 제품에 관한 정보를 찾는데 시간을 낭비할 필요도 없어질 것입니다. 저는 무엇을 구매하기 위해 쇼핑을 할 때 저의 시간을 더 효율적으로 쓸 수 있게 될 것입니다. 저는 쇼핑하는 데 있어서 제품에 대한 자세한 정보를 얻는 것은 매우 중요한 요소라 생각합니다.

[입장 재표명] 그래서, 다시 한번 말하자면, 저는 영업 담당자의 도움을 구할 것입니다.

[입장 제시] I strongly support the idea that smartphones are the best invention in people's lives.

[근거 1] For starters, by using a smartphone, you can get access to the internet whenever you want to.
You can do pretty much everything by getting an internet access with your phone these days.
For instance, you can watch video clips, read electronic books or enjoy shopping on the move, which may lead to a better quality of life.

[근거 2] Also, if you have a smartphone, you can communicate with other people wherever you are.
Even if you go overseas, you can chat with your friends or family in real time by using messaging apps on your phone.
I think efficiency is very important when it comes to communicating with someone.

[입장 재표명] So, once again, I think smartphones are the best invention.

[입장 제시] 저는 스마트폰이 사람들의 삶에서 최고의 발명품이라는 생각을 강력하게 지지합니다.

[근거 1] 첫 번째로, 당신은 스마트폰을 사용함으로 인해서 언제든지 쉽게 인터넷을 사용할 수 있을 것입니다. 요즘 휴대폰으로 인터넷에 접속을 통해 당신은 거의 대부분의 일들을 할 수 있습니다. 예를 들어, 비디오 클립을 보거나, 전자 서적을 읽거나 이동과 동시에 쇼핑을 즐길 수도 있기도 하고 결과적으로 삶의 질을 향상시킬 수 있을 것입니다.

[근거 2] 또한, 만약 당신이 스마트폰을 보유한다면, 장소에 구애받지 않고 다른 사람들과 의사소통을 할 수 있을 것입니다. 해외로 나가더라도, 친구들이나 가족과 휴대폰 안에 메시지 앱을 통해 실시간으로 대화도 가능하게 될 것입니다. 저는 요즘 우리 삶에서 효율적인 의사소통이 아주 중요한 역할을 한다고 생각합니다.

[입장 재표명] 그래서, 다시 한번 말하자면, 저는 스마트폰이 최고의 발명품이라고 생각합니다.

Note

◂◂◂ SET 01 ▸▸▸ ◁) P6_11

> **Q** Do you think it is good for students to spend certain amount of time on doing physical activities at school? Why or why not?

[입장 제시] I strongly support the idea that it is good for students to spend certain amount of time on doing physical activities at school.

[근거 1] **For starters,** if students do physical activities, they can stay in shape which will help them to focus in their studies.
Focusing in their studies will motivate them to study harder.
Then, they are more likely to do better in school, and doing well in school will help students be well-prepared for the future.

[근거 2] **Also, if** students do physical activities, they will probably be able to blow off some steam and have more fun at school.
Having fun will help students relieve stress coming from studying.
I am pretty sure doing something to reduce stress is very important for students.

[입장 재표명] **So, once again, I think** it is good for students to spend some time on doing physical activities.

[입장 제시] 저는 학교에서 학생들이 체 육활동에 일정 시간을 소비하는 것이 좋 다는 생각을 강력하게 지지합니다.

[근거 1] 첫 번째로, 만약 학생들이 체육 활동을 하게 된다면, 그들이 공부하는 데 더 집중할 수 있도록 도와주는 신체 조 건을 유지시킬 수 있을 것입니다. 집중력 향상은 그들이 공부를 더 열심히 할 수 있는 동기를 부여해 줄 것입니다. 따라서, 그들은 더 나은 학교생활을 할 것이며, 더 나은 학교생활은 학생들이 미래에 대 한 준비를 더 잘 할 수 있게끔 도와줄 것 입니다.

[근거 2] 또한, 만약 학생들이 체육 활동 을 하게 된다면, 그들은 아마도 여분의 에 너지를 소모해가며 더 즐거운 학교생활을 할 수 있게 될 것입니다. 즐거운 학교생활 은 학생들이 공부를 통해 얻게 되는 스트 레스를 해소시키는데 도움을 줄 것입니 다. 저는 학생들이 무언가를 해서 스트레 스를 해소하는 것이 그들에게 매우 중요 하다고 생각합니다.

[입장 재표명] 그래서, 다시 한번 말하자 면, 저는 학생들이 체육활동에 시간을 소 비하는 것이 좋다고 생각합니다.

Q Do you prefer to work at a small company or a large company? Give reasons or examples to support your opinion.

당신은 소기업과 대기업 중 어떤 기업에서 일하기를 선호하나요? 당신의 주장을 뒷받침할 만한 이유와 예시를 들어주세요.

[입장 제시] **Personally, I prefer to** work at a large company.

[근거 1] **For starters,** if I work at a large company, I will probably be able to get better employee benefits, which may lead to a better quality of life.
Then, I will be more motivated to work longer for the company.
I think employee benefits are very important **when it comes to** work.

[근거 2] **Also,** if I work at a large company, I will get to work with a large number of employees.
That means I will have a better chance to build chemistry and socialize with variety of people.
Then, I am more likely to develop social skills, which is quite important in our lives.

[입장 재표명] **So, once again, I would like to** work at a large company.

[입장 제시] 개인적으로, 저는 대기업에서 일하는 것을 선호합니다.

[근거 1] 첫 번째로, 만약 제가 대기업에서 일하게 된다면, 저는 아마 더 좋은 직원 복지 혜택을 누릴 수 있게 될 것이고, 그 결과 저의 삶의 질을 향상시키게 될 것입니다. 따라서, 저는 더 분발하여 회사를 위해 더 장기간 일을 할 수 있을 것입니다. 저는 직원 복지 혜택들이 일하는 데 있어 아주 중요한 역할을 한다고 생각합니다.

[근거 2] 또한, 만약 제가 대기업에서 일한다면, 저는 더 많은 수의 직원들과 일을 하게 될 것입니다. 이는 제가 더 다양한 사람들과 협력 관계를 형성시킬 가능성이 크다는 것입니다. 따라서, 저의 사회 능력은 더 향상될 것이고, 그것은 우리의 삶에 있어 제법 중요한 부분이라 생각합니다.

[입장 재표명] 그래서, 다시 한번 말하자면, 저는 대기업에서 일하는 것을 선호합니다.

Q When communicating with co-workers at work, is it better to communicate by sending text messages or talking face-to-face? Why?

직장에서 다른 동료들과 대화를 할 때, 면대면으로 대화하는 것이 낫나요 아니면 문자 메시지를 통해 대화를 하는 게 낫나요? 왜 그런가요?

[입장 제시] I strongly support the idea that it is better to communicate by talking face-to-face with co-workers.

[근거 1] For starters, if you communicate face-to-face, you are more likely to communicate efficiently with your co-workers.
That's because you can ask questions right away on the spot.
That way, you will probably be able to get quick answers from your co-workers.

[근거 2] Also, if you communicate face-to-face, you will be able to build better chemistry with your co-workers.
Better chemistry can bring better teamwork, and better teamwork can make work a lot easier and less time-consuming.
I think having a good teamwork is very important when it comes to a company's success.

[입장 재표명] So, once again, I think it is better to communicate by talking face-to-face.

[입장 제시] 저는 동료들끼리 대면하며 대화를 하는 게 더 낫다는 주장을 강력하게 지지합니다.

[근거 1] 첫 번째로, 만약 당신이 대면을 통한 대화를 한다면, 당신은 더 효율적으로 직장 동료들과 대화를 하게 될 것입니다. 그 이유는 그 자리에서 질문하는 게 가능해지기 때문입니다. 그리한다면, 당신은 아마 동료들에게서 원하는 답변을 더 빠르게 얻을 수 있을 것입니다.

[근거 2] 또한, 만약 당신이 대면을 통한 대화를 한다면, 당신은 동료들과 더 좋은 협력관계를 형성시킬 수 있을 것입니다. 더 나은 협력관계는 더 좋은 팀워크를 가져다주고, 더 좋은 팀워크는 일의 시간을 단축시키고 더 쉽게 만들 것입니다. 저는 좋은 팀워크는 기업의 성공에 있어 매우 중요한 요소라고 생각합니다.

[입장 재표명] 그래서, 다시 한번 말하자면, 저는 대면하며 대화를 하는 게 더 낫다고 생각합니다.

Q What are some things companies could do to help workers balance family and professional lives?
Give specific reasons to support your opinion.

회사가 근로자의 가정과 직장생활의 균형을 잡는 데 도움을 줄 수 있는 요소들이 무엇인가요? 당신의 주장을 뒷받침할 만한 자세한 이유를 들어주세요.

[입장 제시] I strongly support the idea that companies can do several things to help their employees balance family and professional lives.

[근거 1] For starters, companies should help their employees to have flexible working schedules.
Then, employees will probably get to have more free time.
That will help them to balance their work and personal lives which may lead to a better quality of life.
If so, employees will be more motivated to work harder.

[근거 2] Also, companies should encourage their employees, to have enough time to enjoy their hobbies.
Enjoying hobbies will help them relieve stress coming from work, and if they can reduce stress, they will be able to work more efficiently.
I am pretty sure doing something to reduce stress is very important if you are a hard worker.

[입장 재표명] So, once again, I think companies can do several things to help their employees balance family and professional lives.

[입장 제시] 저는 기업들이 다양한 측면에서 직원들이 가정과 직장생활의 균형을 잡는 데 도움을 줄 수 있다는 의견을 강력하게 지지합니다.

[근거 1] 첫 번째로, 기업들은 근로자들이 좀 더 유동적인 근무시간을 가지는 데 도움을 줘야 합니다. 그렇게 되면, 근로자들은 아마 더 많은 자유 시간을 갖게 될 것입니다. 이는 그들의 직장과 개인적인 삶의 균형을 잡는 데 도움을 줄 것이며 나아가 삶의 질을 향상시킬 수 있을 것입니다. 결과적으로, 근로자들은 동기부여가 되어 더 열심히 일하게 될 것입니다.

[근거 2] 또한, 기업들은 근로자들이 충분한 여가활동 시간을 갖도록 그들을 격려해줘야 합니다. 여가활동을 즐길 수 있게 해준다는 것은 그들이 직장생활을 통해 얻는 스트레스를 해소하는 데 도움을 줄 것이며, 스트레스가 해소된다면 더 효율적으로 일하는 데 도움을 줄 것입니다. 열심히 일하는 사람들이라면 무언가를 해서 스트레스를 해소하는 것은 그들에게 매우 중요한 요소라고 생각합니다.

[입장 재표명] 그래서, 다시 한번 말하자면, 저는 기업들이 직원들이 가정과 직장생활의 균형을 개선시키는데 다양한 방법으로 도움을 줄 수 있다고 생각합니다.

Q 11

Q What are some advantages of universities providing their students with an opportunity to study in foreign countries? Give reasons and examples to support your opinion.

대학이 학생들을 외국에서 공부할 기회를 주는 것에 대한 이점들은 무엇이 있나요? 당신의 주장을 뒷받침할 만한 근거와 예시를 들어보세요.

[입장 제시] I strongly support the idea that there are several advantages of universities providing their students with an opportunity to study in foreign countries.

[근거 1] For starters, if students get such opportunity, they can get a lot of valuable hands-on experience while studying abroad.
Getting valuable experience will motivate students to study harder.
Then, they are more likely to do better in school, and doing well in school will help students be well-prepared for the future.

[근거 2] Also, if students get to study abroad, they are more likely to become knowledgeable about foreign cultures and languages.
Being knowledgeable about other cultures and languages will make students become more creative.
I am pretty sure developing creativity is very important for students.

[입장 재표명] So, once again, there are several advantages of universities providing their students with an opportunity to study in foreign countries.

[입장 제시] 저는 대학이 학생들을 외국에서 공부할 기회를 주는 것에 대한 이점들이 존재한다는 생각을 강력하게 지지합니다.

[근거 1] 첫 번째로, 학생들이 그러한 기회를 갖게 된다면, 학생은 해외에서 공부하는 동안 가치 있는 현장 체험을 하게 될 것입니다. 가치 있는 경험을 얻는다는 것은 학생들이 공부를 열심히 하게 되는 동기를 유발할 것입니다. 따라서, 그들은 학교생활을 더 잘하게 될 것이며, 학생들이 미래를 잘 준비할 수 있도록 도움을 줄 것입니다.

[근거 2] 또한, 만약 학생들이 외국에서 공부하게 된다면, 학생들은 외국의 문화와 언어에 대해 알게 될 것입니다. 다른 나라의 문화와 언어에 대해 알게 되는 것은 학생들을 더 창의적으로 만들 것입니다. 창의성을 개발하는 것이 학생들에게 있어 매우 중요한 것이라고 저는 확신합니다.

[입장 재표명] 그래서, 다시 한번 말하자면 대학이 학생들을 외국에서 공부할 기회를 주는 것에 대한 이점들이 존재합니다.

Q Do you think a person should try new ideas at work in order to be a good leader? Give reasons and examples to support your opinion.

좋은 리더가 되기 위해 직장에서 새로운 아이디어를 시도해야 한다고 생각하나요? 당신의 주장을 뒷받침할 만한 근거와 예시를 들어보세요.

[입장 제시] I strongly support the idea that a person should try new ideas at work in order to be a good leader.

[근거 1] For starters, if you try new ideas at work, you can share good ideas that will help your team work more efficiently.
If so, your team can work in an energetic and vibrant atmosphere which will motivate you to work harder.
Then, you are more likely to get better results at work.

[근거 2] Also, if you try new ideas at work and share them with your team,
you will be able to build better chemistry with your co-workers.
Better chemistry can bring better teamwork, and better teamwork can make work a lot easier and less time-consuming.
I think having a good teamwork is very important when it comes to a company's success.

[입장 재표명] So, once again, I think a person should try new ideas at work to be a good leader.

[입장 제시] 좋은 리더가 되기 위해 직장에서 새로운 아이디어를 시도해야 한다는 생각을 강력하게 지지합니다.

[근거 1] 첫 번째로, 만약 직장에서 새로운 아이디어를 시도하면, 그 팀이 더 효율적으로 일 할 수 있는 좋은 아이디어들을 공유할 수도 있습니다. 그렇게 한다면, 그 팀은 더 활기차고 생기 넘치는 분위기 속에서 일을 할 수 있을 것입니다. 그러면, 좋은 업무 성과를 낼 수 있습니다.

[근거 2] 또한, 만약 새로운 아이디어를 시도하고 그것을 팀과 공유한다면 된다면, 동료들과 더 좋은 협력관계를 형성시킬 수 있을 것입니다. 더 나은 협력관계는 더 좋은 팀 워크를 가져다주고, 더 좋은 팀워크는 업무 시간을 단축시키고 더 쉽게 만들 것입니다. 저는 좋은 팀워크는 기업의 성공에 있어 매우 중요한 요소라고 생각합니다.

[입장 재표명] 그래서, 다시 한번 말하자면 직장에서 새로운 아이디어를 시도해야 한다고 생각합니다.

Q If you were making a flight reservation, whose advice would you ask for; a travel agent or a family member? Give reasons or examples to support your opinion.

비행기 예약을 한다면 당신은 여행사 직원 혹은 가족 중 누구에게 조언을 구할 건가요? 당신의 주장을 뒷받침할 만한 근거와 예시를 들어보세요.

[입장 제시] I would ask a travel agent for advice if I were making a flight reservation.

[근거 1] For starters, if I talk to a travel agent, I will be able to get a lot of useful information.
That's because travel agents are usually very knowledgeable about flights.
Plus, they are friendly and helpful in general, so there is no reason I shouldn't ask a travel agent about flight information.

[근거 2] Also, if I talk to a travel agent,
I can get more detailed information about the flights that I am interested in.
Then, I can decide whether to make a reservation or not more easily.
I won't have to waste time searching for the flight information. I will be able to spend my time more efficiently when.
I think getting detailed information is very important when you are making a flight reservation.

[입장 재표명] So, once again, I would ask a travel agent for help.

[입장 제시] 저는 여행사 직원에게 조언을 구할 것 같습니다.

[근거 1] 첫 번째로, 만약 여행사 직원과 이야기하게 된다면, 더 많고 유용한 정보를 얻을 수 있을 것입니다. 그 이유는 여행사 직원들은 항공편에 대한 지식이 풍부하기 때문입니다. 또한, 그들은 대체로 친절하고 도움이 되기에, 굳이 여행사 직원들에게 항공편에 대한 정보를 물어보지 않을 이유가 없습니다.

[근거 2] 또한, 만약 여행사 직원과 이야기하게 된다면, 제가 관심 있는 항공편에 관한 정보를 더 세부적으로 얻을 수 있게 될 것입니다. 결과적으로, 예약을 할지 말지에 대한 결정을 쉽게 내릴 수 있습니다. 따로 제품에 관한 정보를 찾는데 시간을 낭비할 필요도 없어질 것입니다. 시간도 더 효율적으로 쓸 수 있게 될 것입니다. 자세한 정보를 얻는 것은 비행기표를 예약하는데 있어서 매우 중요한 부분이라 생각합니다.

[입장 재표명] 그래서, 다시 한번 말하자면 저는 여행사 직원에게 도움을 구할 것입니다.

Note

Note

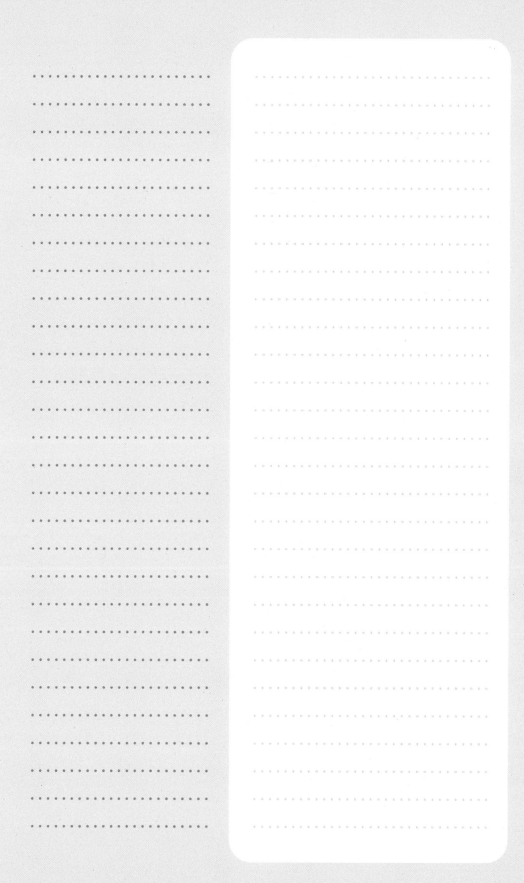

퀵토익 스피킹 심화

초판 1쇄 인쇄 2022년 9월 15일
초판 1쇄 발행 2022년 9월 24일

지은이   김소라
발행인   임충배
홍보/마케팅   양경자
편집   김민수
디자인   정은진
펴낸곳   도서출판 삼육오 (PUB.365)
제작   (주)피앤엠123

출판신고 2014년 4월 3일
등록번호 제406-2014-000035호

경기도 파주시 산남로 183-25
TEL 031-946-3196 / FAX 031-946-3171
홈페이지 www.pub365.co.kr

ISBN 979-11-92431-06-2 [13740]
© 2022 김소라 & PUB.365